江苏高校优势学科建设工程资助项目（PAPD）

"戏仿"自由还是免费

subculture

顾亦周 刘东帆 著

苏州大学出版社
Soochow University Press

图书在版编目(CIP)数据

"越狱":自由还是免费 / 顾亦周,刘东帆著. ——苏州:苏州大学出版社,2021.6
(新媒介与青年亚文化 / 马中红主编. 第二辑)
"十三五"国家重点图书出版规划项目　国家出版基金项目
ISBN 978-7-5672-3452-9

Ⅰ.①越… Ⅱ.①顾… ②刘… Ⅲ.①青年－亚文化－研究 Ⅳ.①C913.5

中国版本图书馆CIP数据核字(2020)第263404号

"越狱" 自由还是免费

著　　者	顾亦周　刘东帆
责任编辑	刘一霖　朱绍昌
装帧设计	吴　钰
出版发行	苏州大学出版社
地　　址	苏州市十梓街1号
邮　　编	215006
电　　话	0512-67481020
网　　址	http://www.sudapress.com
邮　　箱	sdcbs@suda.edu.cn
印　　刷	苏州市越洋印刷有限公司
开　　本	700 mm×1 000 mm　1/16　印张14.5　字数182千
版　　次	2021年6月第1版 2021年6月第1次印刷
书　　号	ISBN 978-7-5672-3452-9
定　　价	50.00元

版权所有　侵权必究

总序[①]

青年亚文化作为一种普遍而又独特的文化现象,是人类社会文化结构中必然的、不可或缺的组成部分。相对于主流文化,青年一代的文化以其青春性、多变性和挑战性的特性有别于位居社会主体地位的成人文化;而相对于基本认同主流价值的青年文化,青年亚文化则具有非主流、边缘性的"亚"文化或"次"文化特征。事实上,青年亚文化是一种世界性的青春文化现象。就其实质而言,它所反映的是成人世界与青春世界、父辈一代与子辈一代之间那种永恒的矛盾和张力关系。在不同的时空语境下,这对关系往往以不同的方式表现出来,譬如反抗、冲突、偏离、协商、另类等,但是,它所呈现的那种青春期的迷惘、矛盾、寻觅、冲动及身份认同的困扰始终是青年亚文化的历史宿命,无论社会的意识形态如何统一和强大,这类青年亚文化或多或少总会以某些方式表现出来。

在中国现代文化史上,诸如五四运动、一二·九运动以及后来一些特殊时期的青年学生运动,都在一定程度上和从某个侧面显现了那个时代的青年亚文化征候。但就整体而言,一直到20世纪80年代之前,现代中国的青年文化更多的还是以认同和追随主流文化、成人文化的方式出现,那种典型的具有世

[①] 本序言大体保留了本人主编的"新媒介与青年亚文化"(第一辑)原序的内容,第五、六部分为新增内容。

界普遍性的青年亚文化现象并不突出。但是，伴随着改革开放和中国与世界文化的接轨，在短短40多年的时间里，中国青年亚文化发生了巨大变化，时至今日，已经成了当代中国青年文化和社会整体文化的重要组成部分。

如果说，20世纪80年代初的青年亚文化从备受压制到浮出地表，在传统的媒介语境中以各种个性化的另类形象出现和发展，并得到社会的理解和宽容，主要是得益于经济体制转轨和思想解放运动的话，那么，进入21世纪的今天，青年亚文化的发展在很大程度上有赖于以互联网为标志的信息技术革命，则是突飞猛进的媒介技术对青年日常生活的渗透和全球化的必然结果。如今，20世纪80年代形成的第一波青年亚文化族群／类型已成为追忆中的昔日辉煌，而新媒介支持下的今日青年亚文化才刚刚拉开序幕。令人震撼的是，新媒介对当今青年亚文化的影响，无论是在力度上还是在广度上，都已远远超出了媒介技术的层面，进而关涉到当代中国青年亚文化特质的变异及其走向，故而特别引人瞩目。

一

从文化赖以生存的媒介和技术环境方面看，当下以互联网为核心的新媒介对社会文化生态的全方位渗透，开始明显地推动今日中国的整体文化向开放、民主和多元的方向转变，同时整体文化的存在形态也在向"数字化生存"方向转向。新媒介不仅为传统文化类型的转型提供了广阔的空间，而且催生了一系列新的文化类型，其中青年亚文化是最为突出的景观。当各种各样的"客"，例如博客、播客、闪客、换客等轮番上场，当各种"社区""论坛"喧闹于网上，当IM（即时通信工具）、SNS（社交网络服务）、微博备受青睐，当网上购物成为风潮，当"搜索""自拍""黑客"等所有这些网络技术和文化实践成为青年亚文化习以为常的社会参与及其表达方式时,青年群体正在演绎和展示着的,是一个完全不同于以往的"虚拟现实"。可以这么说,网络媒介为中国当代各种青年亚文化的外来接受、本土生成与发展和迅速传播提供了前所未有的开放式、无边界、多媒介的物理空间和相对平等、开放的精神空间。如今,新媒介已经成为中国青年亚文化生长的肥沃良田和迅猛扩张的异度空间,成为新型青年亚文化传播的利器和青年一代寻找同道、建构文化族群和部落的文化场域。

网络媒介的全面覆盖、低廉成本及使用便捷,使中国大量青年群体的日常行为和生活方式与网络媒介牢固地绑定在一起。网络成了他们的"良师益友"和"亲密伙伴",有的甚至发展到须臾不能离开。一项由美国互联网公司IAC(Inter Active Corp)和智威汤逊(J. Walter Thompson)广告公司合作,用双语进行的调查研究发现,与美国青年相比较,中国青年更依赖数字技术,有80%的中国青年认为数字化是自己生活的必要组成部分,其中42%的人觉得自己"上网成瘾",而美国青年中持这两种想法的分别占68%和18%。与此同时,该调查还发现,网络在中国青年人的社会生活和情感世界中扮演着极为重要的角色:77%的受访者说,他们通过网络交友;54%的人表示他们曾经通过网络即时信息进行约会;63%的人认为,两个人即使永不见面,也可能在网络上建立起真实的关系,而在美国青年中,相信这一点的只占21%。这一新的媒介语境及生存方式,的确为社会转型时代的中国青年亚文化创建和发展出了一个全新的生存空间和表现舞台。中国青年亚文化在经历了"文革"时期的"地下活动"和改革开放之初的"地表活动"之后,终于被媒介技术的推手带入了"无限活动"的新阶段。当下,青年亚文化作为被互联网率先激活的文化类型,已借助新媒介全方位启动了自身的文化建设,并且成为文化与技术深度联姻的实验产品。

而从青年亚文化自身的交流系统来看,一方面,新媒介正在历史性地改写着青年亚文化与主流文化之间的关系;另一方面,新媒介为青年亚文化构成要素的技术重组和创建催生了新型的表达方式。

以伯明翰学派为代表的传统青年亚文化理论基本上是先验地预设了青年亚文化对主流文化的抵抗性和依存性。譬如,科恩对伦敦东区工人阶级子弟的研究揭示,青年亚文化对工人阶级母体文化表现出表面的拒绝或反抗,却又有内在的依存和继承。威利斯对嬉皮士青年亚文化的研究表明,青年亚文化与中产阶级文化之间始终存在一种"结构性对立关系"。克拉克依据对特迪文化的深入研究也发现,"亚文化作为一种非官方的文化形式,拼贴所产生的亚文化风格的意义就必然处于和统治阶级意识形态相对立的地位"。诸如此类的"抵抗"观和"依存"观诞生于前互联网时代,研究的是现实世界中的青年亚文化实践活动,而以此观点来观照和解读新媒介时代的青年亚文化,难免捉襟见肘,力不从心。新媒介时代的青年亚文化,往往更长于表征似乎完全属于自我化或虚拟化的感性世界,而不是公然地"抵抗"现实间存在的文化形态,更不愿意与父辈或权威文化发生正面的"冲突";它们不仅抹去了横亘在主流和非主流之间的森严界限,隔断了主体与现实之间的人文关注,有时候还经常颠倒真实与虚拟的逻辑关系,将真实虚拟化,虚拟真实化。

我们必须意识到的是,出生并成长于网络时代的青少年群体,天生就与网络、手机等新媒介结缘。他们通过新媒介接受的信息远远多于传统主流渠道,比如大众传播媒介、学校教育、父辈传承等。传统主流渠道对他们精神成长的影响或许将日趋式微。与此同时，他们通过琳琅满目的新技术和新媒介产品，如iPad、智能手机、微博、社交网络、视频分享站点、在线游戏等，畅通地传递着自己创造的文化，在信息传播、交友、玩耍和自我表达的世界中追求自治与认同。于是，青年亚文化的实践活动最终成为一种自我宣泄、自我表现、自我满足的技术方式和文化意义。网络媒介的开放性、无中心性消解了现实世界中权威、主流、父辈等对青年加以掌控的可能性，或者说，网络媒介为青年亚文化的生成、发展提供了最为自由、宽松的逃避主流文化"压抑"的庇护所。

在青年亚文化构成要素的技术重组和创建方面，网络媒介以"数据""图像""多媒介视频"的技术特质为基础，创建了一个互动、复制、仿真和拟像的世界，一个全然不同于以往的世界。正如鲍德里亚所言称的那样，在模型、符码、符号建构的类像世界里，模型和真实之间的差别被销蚀，形象与真实之间的界限被内爆，人们从前对真实的那种体验及真实的基础也一起宣告消失。新媒介的技术特征正在将众多非自然的、非真实的事项、文化和意义成分引入赛博空间，并且运用超文本或者超媒介的技术，为青年亚文化与外部现实世界的断裂创造出了一种"自然"的表现空间，遮蔽了人与现实真实关系的呈现，促成了青年亚文化表达方式的图像化转型。如此，即使在中国这样一个传统文化与现代、后现代多元文化并存的国度里，人与其所创造出来的各种社会文化意蕴之间，也同样不再是传统媒介时代那种明晰的主客关联关系，或文化符号与现实世界的直接对应关系了，而是更多地通过图像符号的表征系统去消解原有的话语体系，用多媒介符号去解构既存的文化类型和文化理念。

在这种社会和技术语境条件下，中国当代青年亚文化便以空前活跃的姿态走上了网络空间的前台，而使传统意义上的青年亚文化类型迅速移位至后台,蜕变成了所谓前新媒介时代的过气文化遗存。如果说,新媒介、新技术果真如麦克卢汉所说的那样"构成了社会机体的集体大手术",那么毫无疑问,青年群体是这种大手术的率先操刀者。他们张开双臂,热情扑向新媒介,并借助新媒介、新技术来创造出属于自身的新的文化样式。青年亚文化在以互联网为基础的新媒介的激发下,正在如火如荼地燃烧。

二

以互联网为主体的新媒介对青年亚文化发展的影响比此前几乎所有的媒介都要广泛、深刻和迅捷得多——这不仅影响青年亚文化的多样性和传播方式,也影响它所提供的亚文化文本的存在形式和功能模式,还有亚文化生存、生长的整个生态环境和文化语境,从而促成了青年亚文化的盛行。

首先,借助网络媒介的快速成长和迅捷普及,青年亚文化已经从相对封闭的"小众团体"走向开放的"普泛化"的整体青年社会。以计算机网络为代表的数字媒介,从开发之初就预设了兼容和平权的机制。技术的"傻瓜化"强化了"网络世界人人平等"的可操控性,而友好的计算机界面和人性化的网络空间模糊了现实社会中身份、性别、收入、学历等等所带来的多重差异,最大限度地吸纳了青少年群体的加入,激发了社会不同阶层青年群体参与文化创造的热情,从而让亚文化从传统的另类、小团体模式中突围,成为青年群体共同参与、共同分享的文化。与此同时,网络、手机等新媒介的普及及信息资费的低廉化趋势,冲破了青少年使用新媒介的经济壁垒,更提供了亚文化生产、传播和共享的"普泛化"和"即时性"的媒介工具。

这里所谓由"小众"走向"普泛",其实质就是使青年亚文化的话语权回归青年本体,尤其是将青年的媒介话语权交还给青年。长期以来,青年是被基于成人价值观和世界观建构的成人文化话语强行描述的,而不是由青年自己的语言来编码的。比如,芝加哥学派对城市底层青年亚文化的研究,伯明翰学派聚焦的工人阶级青年亚文化,以及中国20世纪80年代以来的摇滚和地下纪录片的研究等,这些青年亚文化的研究,尽管也突出了青少年边缘化的问题,但由于研究者基本上是来自中产阶级的成人学者,因此,他们难免将青少年群体传奇化,并且忽略那些真正意义上的"普通孩子",从而使青年亚文化生产和传播被不同程度地圈定在某个阶层或者某个文化小圈子之内。同时,由这些成人学者的话语出发,青年亚文化往往被贴上类似这样的流行标签:主流派、非主流派、危险人物,等等。然而,网络技术传播重构的新公共空间能够向几乎所有的青年群体,甚至向游离于亚文化圈子之外的青年人群开启,从而确立了青年亚文化的普泛化存在和传播。可以说,网络媒介青年亚文化的普泛化趋势是青年亚文化的一大进步,也是青年群体文化创造力的一次解放。这种由青年群体广泛参与的青年亚文化的意义还在于,削弱了传统媒介镜像下和主流意识形态话语中关于青年亚文化的"道德恐慌"评价和"妖魔化"的叙述,也溢出了基于意识形态对抗和阶级斗争理论而对青年亚文化的界说和肯定,它在更大的程度上是通过新媒介技术而自我界定、自我指涉,并直接呈现,从而具有更多属于青年亚文化主体的言说权利。而这一事实当然也"逼迫"着青年亚文化主体言说之外的亚文化理论的调适和修正。

其次,青年群体通过谙熟地使用新的媒介技术为自身赢得了更为广阔和自由的"书写"空间。比如,网络媒介所特有的虚拟性和匿名性,就为青年亚文化提供了表达的自由通路,而自由表达始终是青年亚文化得以生产和传播的基本前提，它可以使青年据此克服青春期的怯弱、羞涩、拘谨和不成熟忧虑，不忌惮成人家长般的管制，充分自由地表达自我。毫无疑问，是新媒介为青年亚文化插上了自由表达的翅膀。

再次，青年亚文化通过新媒介技术的多媒介、多兼容、多互动的诸种特性，突破了传统亚文化风格的表达惯例，获得了更自如的、多样化的表达方式，从而形成了独特的青年亚文化风格。在新媒介中，那些新的技术呈现和表达方式，比如，媒介由语言文字符号、声音符号和影像符号向综合的数字符号转变，使文化的表达突破了对单一媒介的依赖，实现了青年亚文化表征符号的"脱胎换骨"。传统意义上亚文化的"符号"，主要体现在出奇的衣着方式、独特的言行风格、小众的音乐类型等方面。如赫伯迪格笔下的朋克族，"额上的卷发和皮夹克、小羊皮软底男鞋和尖头皮鞋、橡胶底帆布鞋和帕卡雨衣、摩登族的平头和光头仔的步伐、紧身瘦腿和色彩鲜艳的袜子、紧身短夹克和笨重的街斗钉靴，这乱糟糟的一切物体能够既'各就各位'，又显得'不合时宜'，这多亏了有了惊世骇俗的黏合剂——安全别针与塑料衣、既令人畏惧又让人着迷的缚皮带与绳索"。而当下的青年亚文化群体压根并不希冀借助这些出格的外在"行头"来表达亚文化的"风格"和意义，他们更青睐于使用网络媒介所带来的新技术手段和技术装置去表情达意，将真实的主体形象以匿名的方式掩藏在赛博空间里。他们除了通过风格化的音乐表达自我外，更多的技术和手段随着网络媒介的发展被不断开发和利用，如Flash动画、在线游戏、动态相册、多媒介视频软件及MSN和QQ等在线聊天工具、Twitter和微博、搜索技术等。掌握这些技术的青年不再拘泥于某一种表达方式，而是杂糅了文字、图像、影像、声音等多媒介手段，轻松自如地参与到亚文化的生产和传播中。

最后，与上一点密切相关的是，青年亚文化的文化类型也迅疾由单一走向多元，致使基于网络新媒介技术的青年亚文化类型层出不穷，此起彼伏。当下，网络媒介上盛行的自拍文化、恶搞文化、迷文化、搜索文化、黑客文化、御宅族文化、游戏文化、同人女文化、Cosplay 文化等，无不寄生于网络，活跃于网络。而掌握了新媒介技术的一代青年人甚至以网络技术为"武器"，在自我与成人世界之间筑起一道自我保护的"高墙"。这种通过技术壁垒逃避和主动隔绝主流意识形态及成人世界的文化影响，在虚拟"高墙"之内演绎别样人生的青年文化态势，只有在网络技术时代才得以成为现实。

另外，新媒介的发展也促成了青年亚文化传播方式的根本改变。其中最突出的，是由单向传播转换成多向交互式传播，由滞后性传播转换成即时性传播。除此之外，青年亚文化实践活动和文本内容的便捷上传、下载和在线生成，传播者和受众角色的合成及互为转换，虚拟空间与现实社会的互动聚合，均从物质、时间、空间、技术等多方面突破了原有的社会和技术性藩篱，在青年亚文化中间几乎实现了无障碍传播。

三

毫无疑问，上述新媒介语境下形成的青年亚文化的存在和传播方式，已经赋予青年亚文化崭新的文化实践意义。其中，最典型的莫过于青年亚文化"抵抗"精神的弱化乃至失落，以及亚文化自身多样化与娱乐化、全球化与消费主义的特质。这些导致青年亚文化步入极具后现代特征的"后亚文化"时代。

一如鲍德里亚、利奥塔、哈维等声称的那样，后现代文化的一个重要特征是资本在全球范围内更深层次上的渗透和均质化。这些过程同时也产生了更进一步的文化碎裂，时空经验的改变及经验、主体性和文化的新形式。换言之，网络媒介的无深度感、暂时性、分裂性和全球化特征，促使在其基础上生成和传播的青年亚文化不再可能抵抗任何单一的政治体系、主流阶级和成年文化，他们甚至不同程度地弱化了这一文化的某些"抵抗"的特质。因此，如果依然在反抗/抵抗的层面上去认识网络媒介下的青年亚文化，便显得方枘圆凿、扞格不通了，因为我们所处的世界早已发生"裂变"，二元对立和某一主流文化始终居高临下的观念也已被多元文化观念取代。

我们看到，新媒介语境中的青年亚文化特质，在传统的"阶级"和"年龄"之外，其可变因素也呈现出空前的多元性和复杂性，诸如身体、性别、种族、民族、时尚、图像等关键词，不断进入当代青年亚文化的内核和意义场域。也就是说，新媒介催生出的青年亚文化已经不再单单囿于某种风格鲜明而固化的文化类型，相反，许多特征明显不同的青年亚文化类型共时性地陆续呈现，甚至此起彼伏，随着时间的流逝，它们不断出现、繁盛，直到消失，周而复始，生生不息。青年人也不再仅仅将自己执着地归属于某一种亚文化类型，他们经常从一种亚文化类型转向另一种亚文化类型，或者同时属于几种亚文化类型，实际上建立起法国社会学家米歇尔·马菲索里所说的"新部落"，即社会群体之间的识别不再依赖阶层、性别和宗教等传统的结构因素，消费方式成为个人创造当代社交及小规模社会群体的新形式，"新部落没有我们熟悉的组织形式的硬性标准，它更多的是指一种气氛，一种意识状态，并且是通过促进外貌和'形式'的生活方式来完美呈现的"。这种新社交方式鼓励个人以不同的角色、性别、身份自由地参与多个流动的、临时的、分散的而非固定的部落，从而在部落之间动态地、灵活地定位自我。

事实上，不同阶层及不同教育、社会环境中的青年人总是分属于各种明显不同的群体,他们在观念、价值观和意识形态上都有着极大的差异性、多样性和异质性。恰如有着中国和加拿大双重血统的学者卢克指出的,在后现代时期成长的青年,"大约要经历16到18个不同的世界……这就像是在不同文本的海洋里航行一样。每一个文本都试图将你定位、出卖你、定义你"。这样的青年亚文化样本和青年亚文化族群,在网络媒介时代,不仅出现在传统的亚文化音乐生产中,也频繁出现在听觉和视觉技术中。所有这些媒介生产及其产品都渗透和塑造了青年亚文化的面貌,从而勾勒出万花筒般的青年亚文化面貌,正如默克罗比所评述的那样,"对表层的关注越来越彰显,意义被炫示为一种有意为之的表层现象"。

在这样的情境下,"抵抗"既模糊了着力的对象,也失去了明确的方向,娱乐的特性则得以放大。网络文学由"寓教于乐"转向"自娱娱人",网络视频聚焦重心由"艺术作品"转向"现场直录",网络语言由"精致合规"转向"生造逗乐",网络图像被技术率性"PS",甚至,传统、经典、权威、主流的话语、作品和表达都面临随时被颠覆和解构的命运。一代青年对待权威的方式并不是公然地抵抗和反对,而是采用拼贴、戏仿、揶揄、反讽的手段尽情调侃和讥刺,同时获取自我愉悦和狂欢。恶搞亚文化是最典型的范例,而其他在新媒介平台上活跃的文化类型,也无不充满着这种自娱自乐和无厘头的色彩。尽管这种娱乐化的过程往往不可避免地指向空洞和无意义,但是,我们必须看到,其对所谓主流、经典、权威的解构,依然凸显出文化心理的意义向度,那就是释放激情、缓解焦虑、宣泄不满、寻找自我及个体和群体身份的认同。也因此,或可以说,新媒介语境下的亚文化在弱化了"抵抗"色彩和精神的同时,将"抵抗"的意义稀释于娱乐化的表达之中。

新媒介语境下的青年亚文化除了具有弱化"抵抗"、多元发展自身文化和偏重娱乐化的特质外，还显现出向全球化与消费主义妥协的趋向。贝斯利认为，处在晚期资本主义之后的后工业化社会中，有两大特征影响青年亚文化的生长和传播，"一是被跨国公司而不是被单一国家影响和主导的消费社会，另一个是被信息技术、媒介和服务行业而不是被旧制造业赋予特征的全球化社会"。众多跨国组织，包括微软、苹果、可口可乐、时代华纳等跨国企业，世界银行、联合国等国际政府组织及绿色和平等非政府组织（NGOs）都在带动全球化进程，使诸如全球市场、商品化、消费、互联网、国际时装等日渐互相关联，甚至可能转向全球通用。与此同时，多元文化之间的差别和冲突在全球化进程中非但没有被抹平，相反，其因为交流的便利而变得愈加突出。然而，十分悖谬的是，被企业控制的新媒介技术同时为弱势群体和个人提供了成本低廉、方便易得的传播场所，给了他们表达自己声音的极大机会。在网络新媒介世界中，谷歌、百度、MSN、QQ、Twitter、人人网、豆瓣、优酷等在全球资本、商业利益和中国经济市场化、开放化的驱动下，为持有一台电脑及上网设备或拥有一台联网手机的所有青少年人群提供了原创或传播自身文化信息的可能。同时，众多跨国企业还处心积虑地将青少年群体视为最完美的消费者，它们从市场缝隙、人口和心理特征、生活方式等全方位地对青少年加以细分，如叛逆者、"80后"、"90后"、网购族、冲浪迷、背包族等，并着眼于这些团体成员的多重文化身份、欲望需求及购买能力，有预谋地和积极地去培养他们特定的消费习惯和价值观念，从而建构起庞大的青少年消费市场。

今天的青少年更多是通过消费和市场层面而不是传统渠道，如家庭、组织、学校发现他们的身份和价值。其中，最典型的莫过于跨国公司在他们持续不断的广告运动中将消费身份和消费观念以各种炫目的手法植入青少年的认知和价值观中，从而消弭青年人在种族、阶级和性别上的区别，取而代之以时尚的风格、新的性别角色、新的认同、新的文化实践、新的家庭格局和新的社会团体等。事实上，今天的青年亚文化通过互联网络等新媒介的确能够更容易地了解外部文化，全球化的趋势也模糊了它们建立在不同国家、阶层、地域乃至性别基础上的青年亚文化特征。如果无视这一变化，我们将很难深入而准确地把握当今的青年亚文化本质。

四

新媒介技术促成的当代青年亚文化的盛行，意味着青年亚文化身份的"与时俱进"。但需要继续追问的是，新媒介语境中的青年亚文化能否真正延伸成为与主流文化交相辉映、互生互长的文化类型？新的青年亚文化能否为全社会的文化整合、文化调节与文化优化提供良性因子，从而有助于社会在追求民主、和谐中健康前行？

在某种意义上，青年亚文化似乎总是作为社会主流文化外的一种不和谐音响而被世人感知，作为一种偏离常规的乱象而令世人侧目。新媒介语境下的青年亚文化也是如此，它每每引发社会的"道德恐慌"，它往往印证着"娱乐至死"的担忧，它总是以个人主义的张狂稀释着各种集体性的凝聚力，它还可能在疏离、越轨、颠覆的行为中，破坏规范，陷入意义的虚无……所有这些，昭示着文化的断裂、社会的失序，也呼唤着文化的调整。但是，如果仅仅将所有这些作为对青年亚文化的指控，那便忽略了一个富有积极意义的观察视角，即将青年亚文化置于文化整体构成及其变迁之中加以观察。

一个显而易见的媒介文化图景是，新媒介点对点传播、传受互动乃至传受合一的特性，都可能使同质青年亚文化的呈现强度加大、加密,又使不同类型青年亚文化之间的交流、相融、再生更加便利。如此,多样化的青年亚文化不但丰富了新媒介自身的信息内容,也促使传统媒介和主流文化无法忽视网络上众多的亚文化实践及其文化符号和文化意义。事实上,网络虚拟空间的青年亚文化实践活动正在成为传统媒介跟踪、聚焦、报道的重要内容。青年亚文化已经陆续登堂入室,进入主流媒介视野,引发主流媒介关注。仅以近两年为例,人肉搜索、网络雷词、山寨春晚、贾君鹏事件、犀利哥等亚文化事件,无不是经由传统媒介介入传播后成为整个社会的文化事件的。同时,这些亚文化事件得以传播,也拓宽了传统主流媒介的传播口径,从而拓展了主流文化关于民主和宽容的理念。

不仅如此,新媒介语境下的青年亚文化实践,可能激发对主流文化的重新审视,丰富其内蕴,甚至促成新的文化整合。年轻人出于对动漫、游戏等的痴迷,自制道具和服装,扮演自己喜爱的人物。这本是一种私下的个体的娱乐活动,随着国家产业结构的调整,文化创意产业被提上议事日程,Cosplay 也因此被整合进动漫产业链中,成为重要的内容之一。可以说,新媒介为青年亚文化新的生存方式提供了可能。它们既在网络世界兴盛并影响主流媒介、主流社会、主流人群乃至主流意识形态,同时,也在与主流媒介和主流文化的协调整合中进入主流,壮大自身。更进一步而言,这实际上涉及未来文化的可能性,即青年亚文化为文化的未来发展提供最初的动力、灵感和实验。现在我们可以说,PC 的使用绝对是一种主流的技术文化,但是,许多人恐怕忘了,这一计算机文化肇始于乔布斯等人当年充满理想色彩的黑客亚文化实践。

正是在这样的意义上,自 2005 年起,我们高度而密切地关注新媒介语境下产生的一系列青年亚文化现象,并在 2008 年国家社科基金立项的基础上,对此展开全方位的理论和文化实践类型研究。丛书第一辑所收录的"迷族""恶搞""黑客""御宅""拍客""网游"及"Cosplay"仅是青年亚文化中最为活跃、影响颇大的几种类型而已,不足以代表所有的青年亚文化,但借此研究我们希望唤起主流社会和大众媒介、传播和文化研究的学者乃至全社会的高度重视,希望大家能抱着平等而非俯视、理解而非误解、尊重而非排斥的态度,与青年成为朋友,真正洞察他们之后,再因势利导,而非先入为主,树敌在先。青年是未来,谁赢得青年,谁就赢得未来。与此同时,我们也渴望这些亚文化实践的主体人群能从我们的研究中有所得益,能透过好玩、消遣、娱乐的表象,认识到自身文化实践对于自我、群体以及社会的意义和影响,从而保持源源不断的创造性和先锋性,以青年群体特有的方式,积极构建与主流文化的沟通和对话,为我们这个时代的文化创造和转型提供更多元的文化资源,为开放的文化生态贡献力量。

五

以上序言内容写于2011年末"新媒介与青年亚文化"(第一辑)出版的前夕。这套丛书共有七种,包括陈一著《拍客:炫目与自恋》,顾亦周著《黑客:比特世界的幽灵》,鲍鲳著《网游:狂欢与蛊惑》,易前良、王凌菲合著《御宅:二次元世界的迷狂》,曾一果著《恶搞:反叛与颠覆》,陈霖著《迷族:被神召唤的尘粒》和马中红、邱天娇合著《COSPLAY:戏剧化的青春》。此次重新收入的原序言仅对少数词汇和语句做了修改,主要考虑到丛书之间的延续性,也试图为迅疾变化和发展的亚文化现象和研究留下早期的痕迹。

丛书第一辑出版后我们便有了做第二辑的想法。选题几经讨论,最终于当年十月确定聚焦当时那些引人瞩目的新媒介青年亚文化实践，包括iphone"越狱"、粉丝媒体、微博狂欢、网络涂鸦、字幕组、星座热及耽美同人。第二辑的写作与出版过程出乎意料地缓慢，前后花了近十年。在媒介技术和新兴科技频繁迭代、各领域快速向前奔跑、社会群体身不由己内卷的全速发展时代，十年太久了！在这期间，作者身份大多有所变化，研究方向也有所调整，但因为这套丛书的缘故，我们再次回归初心，克服诸多困难，坚持完成了写作，这令人倍感欣慰！当然，十年间，我们所从事的新媒介与青年亚文化研究并未停止。我们陆续出版了《青年亚文化研究年度报告》（2012、2013、2014、2015）四卷、《无法忽视的另一种力量》、《网络那些词儿》、《新媒介·新青年·新文化——中国青少年网络流行文化现象研究》，撰写了《移动互联网时代的亚文化研究》（未出版）等学术论著，始终保持着对新媒介与青年亚文化的观察和研究。

十年来，青年亚文化非但完成了前文所述的小众文化普泛化、网络空间文化实践日常化、自我表达媒介化、文化类型多样化等重要转型，而且在新兴数字技术的支持下，迅速蜕变成多种多样的时尚和潮流文化，使得青年亚文化的属性发生了一系列重大变化。主要体现为：

其一，青年亚文化已经不再是扰乱社会秩序的"越轨文化"，不再是向主导文化发起文化"仪式抵抗"的具有鲜明特色的边缘群体的文化，而是基于互联网社会化媒体"圈子"基础所形成的各种次级文化。青年亚文化与主导文化既相异又互动，两者融合共进，促进社会总体文化不断发展。首先，主导文化为青年亚文化提供了丰厚充沛的文化支撑。中华民族博大精深的传统文化、代表人类文明和新时代进步力量的先进文化、承载社会主义核心价值观的优秀文化等都是青年亚文化生成个性化风格源源不断的"文化资源池"。任何一种青年亚文化都依附于主导文化。耽美文化、涂鸦文化等从"文化资源池"中获取人设、场景、情节、语言和其他文化符号，再生成特定亚文化的风格。其次，主导文化与青年亚文化可以相互转换。曾经的青年亚文化可以成为主导文化，譬如字幕组从译介海外动漫、影视作品到译介网络公开课的华丽转身，成为知识分享的重要渠道；同理，过去的主导文化，或许也会成为今天的亚文化，比如作为国粹的京剧退隐至小众的票友文化。再次，青年亚文化具有先行先试的精神和积极探索的优势，能源源不断地给主导文化输送鲜活的文化符号和文化创新因子。这一过程，不仅能激活主导文化，使其更有活力，更深得人心，而且，青年亚文化符号融入主导文化之中，也导致一些亚文化慢慢主流化。

其二，青年亚文化实践的"新部落族群"特征愈发鲜明，字幕组、耽美圈、"越狱"者都不再单纯地仰仗地缘、职业、班级、阶层、性别等传统社会关系建构自己的社会交往，共同旨趣、相似消费、彼此共情成为个人创造当代社区及小规模社会群体的新形式。这种新社交方式鼓励人们以不同的角色、性别、身份自由地参与多个流动的、临时的、分散的而非固定的部落，从而在部落之间动态地、灵活地定位自我。随着亚文化实践准入门槛越来越低，参与亚文化实践的群体的身份也越来越多样化，小镇青年和乡村青年大量涌入，在新浪微博、短视频平台和二次元大本营B站都有着丰富多元、良莠不齐的内容分享和文化参与，从而促成亚文化规模上的去"亚"化，泛亚文化群体日渐壮大。

其三，青年亚文化持续不断地产出大量独特的文化符号，包括语言、图片、表情包、影像，也包括带有独特亚文化基因的"梗"。这些符号的所指与能指关系随着使用场景不同而流变，其文化表征和意义仅仅用单一概念，如"仪式抵抗""身份认同"等已无法深入阐释。丛书第二辑在青年亚文化娱乐化、混杂化、技术空间化等趋势及消费与创造等框架下对微博、星座、耽美、粉丝媒体、"越狱"、字幕组等网络亚文化展开分析,不仅关注语言文字、图像、视频所生产的各类文化符号所表征的风格和意义,同时也关注青年亚文化精神"抵抗"的弱化和"风格化"特征模糊之后的意义追问。微博空间中的喧哗、狂欢、批判、创意等文化实践,在获得情绪宣泄和自我愉悦的同时,也推动公共意见表达和文化创新。网络涂鸦的身体重塑、戏谑狂欢与话语游戏,既有微弱的抗争和表达,也凸显出娱乐化特性,将"抗争"的意义稀释于狂欢化的风格表达中。

其四,青年亚文化表现出更为明显的技术化和媒介化倾向。网络和数字技术是青年亚文化"圈地自萌"和形成新的交往模式的"基础设施",是青年亚文化生产、消费和传播的媒介平台,是青年亚文化表达、展演和创造的多媒体容器,也是青年亚文化多变风格和另类美学的技术底色。媒介技术则是青年亚文化于使用、消费和分享过程中形成自身价值和意义的途径、方式与空间,既拓展也限制了网络涂鸦的媒介空间和表达呈现,为粉丝媒体的不断创新提供了技术可能性,"越狱"更是以技术为核心建构起独特文化现象。数字技术的"傻瓜化"降低了进入亚文化的难度,使全民参与成为可能;数字技术又丰富了青年亚文化的表现形式,使其更吸引人。在新媒介技术的可供性开掘中,粉丝文化主体积极地建构新的亚文化媒介空间,参与文化生产和分享;网络弹幕技术改变了网民在线交互方式,更创造了一种共同在场的观影感受;AR 技术、Vocaloid 系列语音合成程序等人工智能技术将进一步改变亚文化的生态系统。

其五,青年亚文化的"平台化生存"。早期亚文化群体一般通过个人网站、论坛和邮件讨论组展开交流。初步壮大后，开始转移到商业网站（特别是门户网站）免费提供的论坛空间中。此时的商业网站尚未意识到青年亚文化的经济价值。它们提供空间主要是为吸引人气和流量。当亚文化的产业价值开始凸显时，专属的商业化平台就开始涌现出来。这里既有起始于亚文化群体且依然带着浓重亚文化色彩的平台，如B站、豆瓣网等，也包括更多由互联网公司以培育、扶持、收购、兼并等方式建立的平台，如起点中文网、新浪、抖音等。迄今，有代表性的网络青年亚文化基本都栖居于头部互联网大平台中。"平台化生存"为亚文化群体带来充分的技术红利。个人网站时期服务器到期或黑客入侵、门户网站时期因甲方改版被迫迁居等问题现在基本不存在了。技术又为亚文化群体带来统一的平台文化身份建制，即在亚文化生产者们被以不同等级区别之后，他们的知名度、粉丝数量、签约出版机遇及经济待遇随之发生改变，使其更具有文化生产能力。有庞大用户积累的大数据通过数据汇聚、算法、推送使亚文化实践深陷平台商业资本的逻辑之中，最典型的莫过于今日新浪微博通过平台操控将偶像文化"饭圈化"。

其六，全球跨国资本的持续不断的介入，将时尚风格、新性别角色、新身份认同、新文化实践、新家庭格局、新社会团体等消费身份和消费观念植入人们的认知和价值观中。互联网头部公司积极征用亚文化符号，也反过来成为网络亚文化最强劲的催生者和形塑者，从而将亚文化特有的文化资本转化为日渐兴盛的互联网亚文化产业。青年亚文化不再是个体单纯休闲娱乐的方式，转而成为富有个性化的生活方式，甚至成为青年人的职业选择。青年亚文化从小群体独特的文化旨趣转变成影响社会的力量：字幕组的跨文化传播对消除文化偏见、增进多元文化主体的互信互利有着积极价值；耽美文化对克服传统性别不平等及对多元性别的包容和理解起到不可小觑的影响；网络占星成为一种"新俗信"，有助于青年群体反思和建构自我，彰显了一种生活方式。

互联网高速发展并迅速融入社会生活的方方面面，深刻改变了大众，尤其是青年的生存和生活方式。互联网作为开放的网络亚文化生产、传播、消费和再生产的平台，生产主体越来越多样、参差。青年亚文化面广量大、良莠不齐，呈现出载体不一、平台影响力大小不均、监管难易程度不同等面貌倾向。如此，导致青年亚文化在整体平稳发展时有"脱轨"现象出现，有些甚至成为引爆社会舆论的热点事件。正是这些"易爆品"加大了青年亚文化发展的不确定性和风险性，比如占星、涂鸦、微博等文化实践中的低俗化、恶搞化、色情化，"越狱"、字幕组、耽美同人创作等文化实践对版权和其他知识产权的漠视，以及亚文化的某些负面现象对未成年人的不良影响等等，影响了社会主流阶层和社会大众对亚文化的客观评价，甚至引发管理部门对青年亚文化的监管要求越来越高，也由此引发亚文化的抗争、冲突和规避。一方面，主导文化需要合理包容青年亚文化；另一方面，青年亚文化需要自我净化，力争与主导文化并行不悖、融合共进。

六

"新媒介与青年亚文化"（第一辑）在发起之初，得到先后就任苏州大学出版社、清华大学出版社总编辑的吴培华先生的高度重视。他参加了提纲讨论、书名斟酌、初稿审议的多次会议，为当时尚处于边缘状态的青年亚文化研究鼓而呼，并在丛书出版遇到各种不可预测的困难时，鼎力相助，方使丛书顺利面世。他的敏锐和果敢，令人敬佩！

丛书第一辑入选"十二五"国家重点图书出版规划、国家出版基金项目，也是国家社科基金项目"新媒介与青年亚文化研究"的阶段性成果。第一辑出版后，获得了读者好评，尤其是那些文化实践的"当事人"给予的评价尤为我们所珍惜。丛书还先后获得中华优秀出版物奖提名奖、中国大学出版社优秀图书奖（优秀学术著作）、"苏版好书"等荣誉，其中，《COSPLAY：戏剧化的青春》入选2013年《中华读书报》百佳好书，获江苏高校第九届哲学社会科学研究优秀成果奖（三等奖）。丛书第二辑同样也入选"十三五"国家重点图书出版规划，并获得国家出版基金资助，这充分说明青年亚文化之于当下社会总体文化的重要性和不可忽视性。

即将面世的第二辑包括陈霖等著《粉丝媒体：越界与展演的空间》，曾一果、颜欢合著《网络占星：时尚的巫术》，陈一、曹志伟合著《网络字幕组：公开的"偷渡"》，杜丹著《网络涂鸦：拼贴与戏谑之舞》，杜志红、史双绚合著《微博：喧哗与狂欢》，顾亦周、刘东帆合著《"越狱"：自由还是免费》及本人著《耽美：性别身份的魔方》，一共七种。第二辑的出版工作得到了苏州大学出版社原社长张建初先生和现任社长盛惠良先生、原总编沈海牧先生和现任总编陈兴昌先生的鼎力支持。感谢诸位的宽宏大量。李寿春女士是丛书的具体负责人。没有她的全力协助、不懈敦促和倾心付出，这套书很可能早就夭折了！感谢所有相关编辑和设计师成全此丛书。

自2013年起，本人在苏州大学传媒学院为新闻与传播学研究生开设"新媒介与青年亚文化"课程，每年选修学生可达三四十人。同人们在苏州大学新媒介与青年文化研究中心主办的"读书部落"中研读媒介与文化的经典学术著作，分享青年亚文化研究心得，这样的交流持续了十多年，极好地维系了我们之间的友情合作。苏州大学的青年学子积极参与读书活动、课题调研、资料收集和研究工作。与他们的交流和协作给予我们源源不断的新体验、新认知和新观点。感谢十年来选课和参与研究中心学术活动的所有师生。希望青年亚文化生生不息，我们的研究也可永续！

马中红

2021年夏于苏州独墅湖畔

目录

"越狱",一部文化史 /1
富有魅力的 iPhone /5
iPhone "越狱" 的兴起 /12
"越狱" 与黑客精神 /24

"越狱" 在中国 /37
"越狱" 与中国黑客文化 /40
对威锋网论坛的个案研究 /52
"越狱" 爱好者访谈录 /64

"越狱",一种亚文化 /79
"越狱" 群体的亚文化特征 /83
"越狱" 亚文化与主文化的博弈 /91
"越狱" 群体的亚文化资本 /100
"越狱" 群体与亚文化产业 /105

"越狱",走向何方 /115
  更好的 iPhone /118
  "越狱"工具的争议 /126
  "越狱"社区的衰落 /139
  "越狱"不死 /143
  微信事件会激活"越狱"吗 /150

主要参考文献 /155

附 录 /167
  iPhone "越狱"大事记 /169
  威锋网论坛搜索结果完整列表 /174

后记 /202

对 iPhone 进行"越狱",不是为了破坏它,相反是因为太喜爱它了。我们无法忍受苹果公司施加的禁锢,因为这阻碍了 iPhone 最大限度地展示实力和美感。一句话,iPhone 需要"拯救"。

"越狱",一部文化史

本书将要谈论的"越狱"(Jailbreak)与真实的"囚犯从监狱里出逃"可没有关系。我们要谈的是针对美国苹果公司的 iPhone、iPad、iPod Touch、iWatch 等数码产品，进行去除原有软硬件限制来获得更广泛使用权限的技术行为。这些行为在绝大多数情况下是技术爱好者们的非商业性活动，同时对 iPhone 的"越狱"也获得了美国版权局的明文合法认可。在苹果公司的产品中 iPhone 的影响力最大，所以我们选择它作为描述的主角。但事实上，后面所谈到的"越狱"技术和文化，也同样呈现在除 iPhone 以外的苹果公司的其他产品上。

为什么把"去除原有软硬件限制"的行为称为"越狱"，后文会有详细描述。现在可以说的是，"越狱"这一名称在圈内已经约定俗成、根深蒂固，所以很难用另一个名称去指代。这里再解释一下，同样是对数码产品进行技术改造，与"越狱"有关的名词还包括"解锁""破解""ROOT"等。在一些情景中，它们被混为一谈，但在严格意义上并不是一回事。

"解锁"更多地可以被理解为当正常使用的 iPhone 因多次密码输入错误被锁定时，通过技术手段使 iPhone 可以重新登录系统。"破解"指的是通过技术手段让原本被限定"只能在某地区、某网络内使用"的 iPhone 能在其他地区和网络内使用。以 iPhone 为例，早期产品的"首发市场"中并不包括中国，因此很多消费者通过美国友人或者"黄牛"买到美国版 iPhone 后，必须通过"破解"才能让它支持中国移动、联通、电信的 SIM 卡。

与"越狱"在定义上最接近的是"ROOT"。这个词主要用于安卓手机系统，指的是通过技术手段获取系统的最高权限，从而对系统文件"为所欲为"——对看不顺眼的 App 想删就删，想装什么 App 也不必顾虑系统提醒。iPhone 用的都是苹果自家的 iOS 系统。对 iOS 系统进行"ROOT"来获取最高权

> 同样是对数码产品进行技术改造，与"越狱"有关的名词还包括"解锁""破解""ROOT"等。在一些情景中，它们被混为一谈，但在严格意义上并不是一回事。

限的活动就叫作"越狱"。

为什么 iPhone 用户非要对手机进行"越狱"呢？这是因为 iOS 系统总是以"安全第一"为借口来阻挠用户"拓展系统性能"。举个例子，你买了一辆车，车当然就是你的，然而当你想换更漂亮的轮毂、排气管或者粘个尾翼，4S 店却告知"汽车厂商禁止你做这样的改动"时，你心里肯定极为不爽。

2007 年发布的第一代 iPhone 中内含的初代 iOS 系统就是这么霸道。2008 年，iOS 2 中引入官方应用商店 App Store。这下情形变成"你可以给自己的车换更漂亮的轮毂、排气管或者粘个尾翼了"，但是所有装备都必须在 4S 店购买，想自己装个更有性价比的，没门儿。

iOS 的霸道触及了美国消费者们心中的"Free"理念。在英语里，"Free"既可以解释为"自由"，又可以解释为"免费"，而这两点在作为 iPhone "越狱"行为兴起的支撑时，都是说得通的。主张自由的消费者表示，自己买了手机后，怎么用就是自己的事，苹果公司对 iOS 系统设限，侵犯了自己的财产支配自由。主张免费的消费者也表示：明明有现成的第三方免费 App，App Store 却不收录它们，iOS 也不提供其他途径让用户安装，这是活脱脱的"财迷心窍"；苹果公司赚了消费者买硬件（iPhone）的钱，还要在软件上再"收割"一次。

本书当然不是仅仅停留在描述这些技术文化现象上，而是试图引入"青年亚文化"理论来分析"越狱"行为。在世界的大多数地方，iPhone（包括其他苹果公司产品）最主要的使用群体是青年，而在选择对设备进行"越狱"的所有用户中，青年的占比就更高了。在这个意义上，我们可以将 iPhone "越狱族"视为一种青年亚文化，而以苹果公司为代表的商业公司则可以是主文化的象征。此时，"越狱"就可以不再被简单地视为一种技术博弈，而成了一种文化理念的博弈。通过"越狱"

> 在英语里，"Free"既可以解释为"自由"，又可以解释为"免费"，而这两点在作为 iPhone "越狱"行为兴起的支撑时，都是说得通的。

来争取自由,通过"越狱"来实现免费,都是不同文化倾向的群体间权力意志角逐的象征。

在正式进入"越狱"分析之前,我们首先有必要解释一个问题,即在 iOS 系统如此顽固的前提下,为什么用户宁愿冒险选择"越狱"也不肯转投其他手机阵营呢?要知道,就"获取最高权限"而言,很多安卓手机的"ROOT"难度是很低的,而 iPhone "越狱"稍不留神就可能导致"变砖"①,即便成功也面临着苹果公司"不再质保"的威胁。

这个问题的答案就是,与其他手机相比,iPhone 实在太有魅力了,而这种魅力与苹果公司前首席执行官、iPhone 之父史蒂夫·乔布斯直接相关。下一节我们将详细分析。

富有魅力的 iPhone

iPhone 的崛起速度是惊人的。2007 年以前,人们还没有把苹果公司与手机制造商联系在一起。然而在接下来的 10 多年里,iPhone 一口气售出了 10 多亿部。它以超新星的姿态强势爆发,并迅速成为行业标杆。这一匪夷所思的业绩叫人忍不住怀疑当时其他手机制造商集体去了火星旅游,可事实上他们只是充当了瞠目结舌的看客而已。

在这之后,这些手机制造商茅塞顿开,力求缩小自己的产品与 iPhone 之间的差距。诚然,在全球 50 多亿手机用户面前,iPhone 的累计销量还显得不那么举足轻重,但是 iPhone 的威力在于它全然改变了人们对手机的技术和文化印象。正如乔布斯在 2007 年发布会上所说的那样:"我们准备发布一部大

---

① "越狱"技术圈俚语,指"越狱"失败,导致手机无法使用,只能当成砖头来派用场。

号 iPod、一部手机及一部互联网通信设备……这不是三部独立的设备,而是一部设备,我们称它为 iPhone。"

尽管在此之前听歌、上网、安装第三方软件等功能也可以在诸如诺基亚和三星等品牌智能手机上实现,但 iPhone 以其革命性的功能变革,不费吹灰之力就将它们"扫进"了 IT 博物馆。

然而,iPhone 能够风靡全球,所依靠的并不只是它优雅的外形、超强的硬件及安全高效的系统。在某种程度上,它可能更得益于苹果公司甚至乔布斯的强大个人魅力。正是这方面的原因,使得 iPhone 几乎从一开始就脱离了"通信工具"这种简单身份定位,而获得了深厚的文化意义。比如,当手持一部其他品牌手机的时候,你至多觉得这是一个昂贵的数码工具,但是如果手持一部 iPhone,就会忍不住往"个性表现""文化象征"等角度来思考——至少在早期尤为如此。

可能正是这个原因,使得 iPhone 得以在销售总量即便不名列前茅的情况下仍能攫取市场中的多数利润。而在包括中国在内的大量发展中国家,iPhone 甚至直接成为数码奢侈品的代名词。很多人以拥有 iPhone 为荣,日常是否能用到其中 10%的功能则完全不在考虑之中。

与竞争对手们拥有的丰富产品线不同,通常 iPhone 每年只推出一款新产品(每款可能包含两三种不同型号)。这一商业路线得以成形,与苹果公司桀骜不驯而又追求卓越的商业理念有关。成立于 1976 年的"苹果电脑"是一家富有创新精神的公司。这一血统来自它的两位联合创始人乔布斯和沃兹尼亚克。沃兹尼亚克是一位顶级硬件专家,同时精通软件编程,他几乎以一人之力完成了 AppleⅠ、AppleⅡ两款电脑的开发工作,而它们是苹果在早期得以扬名立万的根本。乔布斯虽然在硅谷长大,但一直都是 IT 门外汉。他对编程一无所知,也不会做硬件开发，辗转学到的电子学知识只够他配合沃兹尼亚克把元器件焊到电路板上。然而，乔布斯的强项在于擅长汲取身边人士的优点而为己用，因此他逐渐有了狂妄、冷酷、舌绽莲花及追求完美等性格标签，并在此基础上成功培育了一种魔幻般的自信：不走寻常路却总相信自己的选择是对的。乔布斯非常善于将这种自信塞进面对工作日程两股战战的雇员脑中。这被称为他的"现实扭曲力场"（Reality Distortion Field）——"啊，干起来吧，你们一定能按时完成的"。

在沃兹尼亚克离开公司后，苹果成了乔布斯一人专断的舞台。根据《重返小王国：乔布斯如何改变世界》一书的说法，CEO大多是"按部就班的培养和教育的产物"，而创业者"至少是他们中的佼佼者，却是桀骜不驯、不可遏止的天性爆发的结果"。无论你是否推崇领袖个人魅力，乔布斯对苹果公司及其产品的影响是不言而喻的——他直接缔造了这家公司，随后又被扫地出门，直到公司濒临破产才再度入主并把市值带到了全球第一。

乔布斯携着一股文艺之风杀进了IT圈——这并不是一条平坦的金光大道。假如他失败，这种标新立异将立即成为行业龙门阵中的笑料。然而他成功了，进而赢得无数"果粉"的膜拜。这种非主流的奋斗模式基本上不可复制，因而乔布斯就此取得了他的竞争者们难以企及的优势。

大部分消费者一般都出于需要才购买IT产品。比方说，我们不会仅仅因为崇拜比尔·盖茨而去买Windows操作系统，我们也不会强迫自己知道正在使用的Intel处理器的创造者是谁。然而，每当乔布斯在发布会上掏出他的新玩意儿振臂一呼时，立刻就有万千消费者挥舞支票表达支持。这实际上应当是小众领域内冲动型消费的场景，乔布斯却成功将之推广到了大众市场。因此，他欣然就任了苹果的"教主"，"果粉"们则欣喜于获得了"教徒"身份——即便此次买到的产品并不尽如人意，他们也会很快以对"下一次会更好"的憧憬洗刷掉刚刚生成的烦恼。另外，信仰的存在，导致有瑕疵的产品也会被郑重地收藏起来以构成尽忠的历史，而这是其他电子设备厂商做梦都难以企及的事。

比尔·盖茨经常揶揄乔布斯，说他绝非 IT 领域的一把好手。但就是这样一个人，在硅谷刮起了旋风。乔布斯的秘诀就是用文艺、文化的眼光来审视电子科技，用外行的心态来考虑如何让数码产品更好地为普通人服务，以彪悍的统治力迫使公司乃至全球电子消费市场按他设定的方向运转。乔布斯并非没有为此付出过代价——1985 年快被逼疯了的苹果董事会投票驱逐了他。然而，在此之后苹果很快失去了文艺光泽和市场前景。最终苹果高层不得不负荆请罪，又将喜欢光着脚制定决策的创始人请了回来。

苹果公司人才济济，使得乔布斯无须为具体的技术问题伤神。除了公司的宏观发展战略外，他把主要精力用在研究产品的外形美感与使用舒适度上。他很早就意识到 PC 不会仅仅是电子发烧友的玩物，加强其亲和力与有用性将吸引普通用户为之解囊。

1977 年 4 月发布的 Apple Ⅱ 是乔布斯的第一个成功例子——他以允诺"可低价购买 Apple Ⅱ"作为交换条件吸引了一批程序员为之编写精妙而实用的程序。其中一款名为 VisiCalc 的表格办公软件对那些疲于手工记账的会计和主妇们产生了很大的诱惑。不少公司和家庭仅仅为了使用该软件而买下了整台电脑。①

---

① 当时的软件是为专用系统设计的。这款由丹·布里克林设计的"可视计算"软件只能运行在 Apple Ⅱ 上。乔布斯甚至一度计划出资百万买断其版权，以防它被开发出可以用到其他 PC 上的版本。

1984年1月，乔布斯推出了麦金塔（Macintosh）。这是人类第一种批量生产且带有图形界面、窗口层叠、鼠标及3.5寸软盘等先进技术的计算机。麦金塔的键盘上没有方向键，目的是逼迫用户使用鼠标。此外，乔布斯又强制取消了机箱中的风扇，冒着发热过高的风险也要打造他心目中机箱的"禅静"。

麦金塔上已经体现出不少乔布斯趋于极端的设计理念。比如，他要求藏在机器内部的电路板必须拥有布局的美感："看看这些存储芯片。真难看。这些线靠得太近了。"[①] 当一名工程师反驳电路板并不需要什么美感的时候，乔布斯暗暗将他列在了下一批解雇名单之中。然而与此同时，乔布斯又要求在机器的外壳上使用特殊的螺丝，以防用户凭借普通螺丝刀就能打开麦金塔。乔布斯的这种"封闭"理念透彻地融进了苹果产品的血脉之中：

● 硬件方面尽量实现整体制造，使得用户难以拆卸。iPhone的后盖和电池就是例子。

● 软件方面只为自家服务，对外一概不兼容。

这种特立独行的风格一直在对苹果的生存发展构成挑战，却又迎合了乔布斯癫狂好战的性子：IBM和微软打造的庞大兼容机市场在他眼里不值一提。多年之后，当他手持iPhone放眼Android阵营时仍然这么想。

乔布斯的特立独行还表现在他的外在形象中。IT公司的CEO们通常给人们西装革履、沉稳低调、注重大局的印象。他们通常对谈判场合与礼仪十分重视，生怕对媒体说错一个字。与之相比，乔布斯完全是一个异类。他总是打扮休闲，性格张扬，喜欢在散步时聊业务。董事会在他眼中形同虚设——

---

① 沃尔特·艾萨克森. 史蒂夫·乔布斯传[M]. 管延圻, 魏群, 余倩, 等译. 北京：中信出版社，2011：122.

那种需要经过层层讨论才能做出决策的浪费时机的行为令他深恶痛绝。

1996年，乔布斯被董事会请回公司主持大局后，迅速重申了自己"天才暴君"的身份，并旋即将董事会变成负责举手通过的橡皮图章。在他的主导下，iMac、iPod 等标新立异的产品横空出世，将苹果从破产边缘拉回，当然此过程中依然伴随着一意孤行所造成的遗憾。比如，iPhone 4 的"天线门"问题，就是乔布斯坚持在边框上使用影响信号质量的拉丝铝材料的结果。

当 2011 年 10 月乔布斯逝世时，遍及全球的狂热祭奠表明，在公众心目中他远不止一位公司创始人这么简单。在桀骜不驯的个性及剑走偏锋的行为之外，他固有的格言是"活着就为改变世界"。他在 25 岁时就因苹果公司的上市成为亿万富翁，但有大量证据表明乔布斯更愿意把财富视为其奋斗活动的副产品。乔布斯拥有一种来自文艺的迷狂。这种迷狂是其灵感之源，同时又必须在特立独行的环境下才能持续存在，因此乔布斯以他的产品一次次改变了世界。PC 打破了政府对计算能力的垄断，引发了信息革命。iPod 挽救了全球音乐产业，使盗版遭受重大打击。iPhone 则重新定义了手机，使很多人至今仍对下面这句话津津乐道：

> iPhone 诞生后，这世界上就只有两种手机：一种叫 iPhone，一种叫其他手机。

或许，这就是 iPhone 推出十多年来一直能够风靡全球的原因。

乔布斯将桀骜不驯的性格魅力注入苹果产品的作风导致历代苹果产品均有如下共同特征：外形简约友好，内部功能强大，系统自成一家，对外绝不兼容。在乔布斯率领苹果公司硬撼产业巨人 IBM 的时代，这些特征将苹果产品打扮成了浪漫骑士，成功为公司赢得了小众但精英的稳定用户市场——当时选择苹果产品的大多是特立独行的程序员、设计师及追求卓尔不群的多金青年。从 20 世纪 70 年代开始，一种对苹果产品进行消费的亚文化也开始形成：选择苹果产品意味着对标准工业化产品（以 IBM 产品为代表）的不屑，而苹果亦以其独特风格元素完美迎合了买主们的骄傲心理。

在这样的产业风格下，iPhone 成了一个异类：它"失败"的原因可能在于它过分成功了。当然在此之前，这一问题可从 iPod 身上看出苗头。iPod 的热销将索尼的 Walkman 送进了博物馆，iPhone 则更进一步使得"世界上就只有两种手机"。当 iPhone 自 2007 年开始以火箭般的速度蹿红后，它便在收益富足的同时遭遇了文化上的尴尬：iPhone 以不可思议的流行度横扫一切对手，坐上了行业头把交椅，因此这一秉承小众设计理念而诞生的产品收到了广大消费者要求变革的呼声，而广受诟病的问题就是系统的封闭性。

作为一款智能手机，iPhone 的功能扩展被设计成依靠内置的电子市场 App Store 来完成。用户借助 iPhone 或者 PC 访问 App Store，可以随意选购下载各种软件。App Store 显然是受到先前基于 iPod 的电子市场 iTunes 大获成功的影响而设的。客观地说，它是一次产业合作的双赢之举：用户选购非常方便，程序员发布软件也同样顺畅。App Store 借此养活了大量不善营销的程序员，并且造就了《愤怒的小鸟》《植物大战僵尸》等迅速蹿红的商业奇迹。

但是从另一个角度看，App Store 又是一个受到严格管束因而自由度不高的空间。苹果公司在此握有完全的生杀大权：软件必须首先通过苹果的审查才能上架。苹果并不完全公开自己的审查标准，却又屡屡无视开发者与消费者的呼声，禁止或撤下一些广受欢迎的App应用——仅以中国App为例，我们所熟悉的微信、豆瓣、喜马拉雅、酷狗、荔枝等都遭遇过这种"突然死亡"。

  时间长了，App Store逐渐在苹果粉丝心中成了又爱又恨的对象。它提供"充裕"和"富足"，但需要以牺牲自由选择为代价。它在保障程序员获得利润的同时也剥夺了用户追求其他廉价甚至免费选择的可能。苹果之所以能够这样做，主要是因为iPhone内部装有的固件程序使手机无法跳过App Store来安装第三方软件——美其名曰"保证系统安全"。按这样的说法，世界上最安全的地方大概非监狱莫属了，因此App Store慢慢地就被大量愤懑的用户视为监狱了。他们喜爱iPhone手机，却厌恶App Store的限定。这群粉丝中不乏计算机软硬件技术精湛的黑客。正是他们带头掀起了名为"越狱"的电子战争。他们的口号是"Jailbreak for free"！

iPhone"越狱"的兴起

2007年 | iPhone | iOS 1

  很多梳理"越狱"起源的文章都会把美国黑客乔治·霍兹称为打响"越狱"第一枪的人。但这里存在着误解，因为事实上，霍兹的工作更适合被称为对iPhone进行了"破解"。

  我们来看一下经过。2007年8月，时年19岁的霍兹利用几个晚上的时间独立"破解"了第一代iPhone。当时苹果与美国电话电报公司（AT&T）签署了独家经销协议，约定iPhone只能在该公司的网络内运行。霍兹的工作就是对iPhone进行"破解"，使得它可以运行在其他运营商网络中。

当时的苹果粉丝对霍兹手里这台解锁版 iPhone 趋之若鹜，最后竟有人用一辆日产跑车和三部未"破解"的 iPhone 手机为代价将它换到了手中。但在此之后，霍兹并未再次高价兜售自己的作品，而是直接对自己研发出来的"破解"程序 Purplera1n（紫雨）进行了共享。通过运行 Purplera1n，任何稍有基础的人都可以"破解"手中的 iPhone。

图 1-1　JailbreakMe 界面

初代 iPhone 的操作系统是 iOS 1①。这个版本既没有应用市场，也不支持安装第三方扩展程序。但当时仍然有黑客研究了对它的"越狱"。最后形成的"越狱"软件中比较有名的一款是由黑客 Comex 研发的 JailbreakMe（图 1-1）。iPhone 用户只要用手机访问相应的网站，随后点击"我要越狱"，就能很轻松地实现"越狱"。

此外，Installer 也是当时非常流行的工具。用户通过它可以比较方便的安装其他应用。

2008 年 | iPhone 3G | iOS 2

对 iPhone "越狱"的一个最大动力源泉就是"对它又爱又恨"。爱的是它的华丽、流畅、时髦，恨的是它禁锢太多，不能被自由地打扮和改造。在这个意义上，作为 iPhone 操作系统的 iOS 的丰富性、亲和力会与使用者选择"越狱"的可能性成反比。

---

① iPhone 的操作系统当时叫 iPhone OS，直到 2010 年才整体改名为 iOS。本书为保持前后一致以方便阅读，就整体用 iOS 替代。

2008年,第二代iOS登场。它引入了第一款软件开发包,并在当年7月隆重引入官方应用市场App Store。有了App Store,程序员可以直接为iPhone制作App,并通过在市场内出售来赚钱。而对用户来说,一些原本只能借助"越狱"才能解决的打扮、改造问题,现在通过应用市场就能解决,他们自然也就减少了选择"越狱"的心思。

但是这一切并没有降低黑客对探索"越狱"的热情。这里有两点原因:首先,他们并不认为iOS的革新已经解决了所有问题,特别是安装应用程序以外的"系统本身"问题(例如为iPhone换一张桌面图片或者把导航栏底色变成透明仍然很费力)。其次,iOS相对完美,那么攻破这个"完美王国"的边界墙就是一个非常有成就感的技术项目,因为"越狱"的前提是找到iOS系统的代码漏洞,而苹果公司每次发布iOS升级包,都会堵住很多之前已经发现的漏洞,这会使得针对iOS新版本的"越狱"变得越来越具有挑战性。

在这一时期,主流"越狱"工具仍然是JailbreakMe。这是一个在"越狱"历史上值得铭记的软件。这款软件到iOS 4.3时代仍然是主流的"越狱"工具之一。这一年著名程序员、黑客杰·弗里曼(Jay Freeman)在3月推出了"越狱"软件Cydia的第一个版本。最初它只是在Installer上的一个开源选择,但是当App Store推出后,它迅速成为最流行的软件包管理器。

2009年 | iPhone 3Gs | iOS 3

可能是因为日益受到来自"越狱"团队的"鞭策",2009年苹果公司推出的iOS 3增加了大量人性化服务,例如加入了彩信、语音拨号及蓝牙点对点通信功能,此外还开始支持剪切、复制、粘贴及横屏输入等基本操作。

随着 iPhone 的日益流行，针对它的"越狱"便蔚然成风。找到最新版 iOS 系统漏洞成为黑客技术文化圈内类似摘到"皇冠上的宝石"的神圣事件。在这种情况下，霍兹又一次出手了。他在很短时间内拿出了针对 iPhone 3Gs 的"越狱"软件 Purplera1n。它同样被称为《紫雨》。另一个著名的黑客团队 iPhone Dev Team 也发布了大名鼎鼎的"越狱"软件 Redsn0w（《红雪》）。

此时 JailbreakMe 仍然流行，更为重要的是它与 Cydia 实现了捆绑（图 1-2）。任何通过 JailbreakMe 实现了"越狱"的 iPhone 中，都会自动安装上 Cydia 这个 App。这有点类似当年微软在 Windows 系统中捆绑 IE 浏览器。但是无论如何，这个做法为广大"越狱"爱好者（特别是"小白"）带来了安全而又优质的"应用市场替代者"。

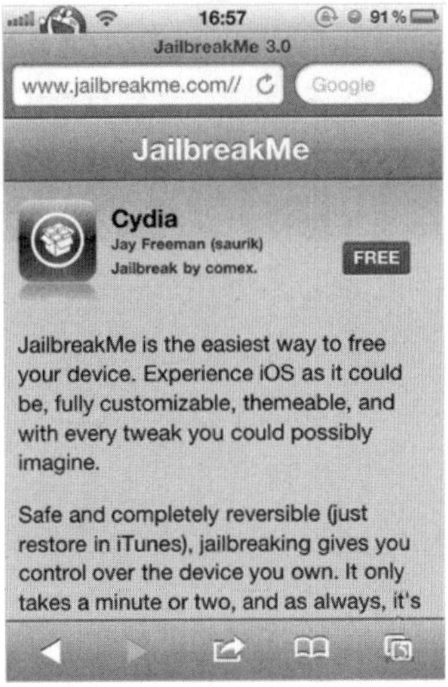

图 1-2　JailbreakMe 与 Cydia 实现捆绑

2010 年 ｜ iPhone 4 ｜ iOS 4

iPhone 的硬件性能在 2010 年实现了革命性的提升。而在 iOS 的软件层面，第四代系统支持多任务、文件夹系统、可更换壁纸、FaceTime 和 Game Center 功能。但是对于用户来说，iOS 需要完善的地方还有很多，例如，由于 iPhone 只有一个实体的 HOME 键，很多用户担心频繁操作会把它弄坏，就非常需要安装类似 Activator 的手势插件，而这又必须通过"越狱"才能办到。

这一年，有关"越狱"，美国发生了一件大事。当年 7 月，在电子前沿基金会（Electronic Frontier Foundation，EFF）的不

当年7月，在电子前沿基金会（Electronic Frontier Foundation，EFF）的不懈努力下，美国国会图书馆版权办公室对《数字千年版权法》（DMCA）做出修正调整，宣布苹果iPhone用户通过"越狱"来安装第三方软件是合法行为。

懈努力下，美国国会图书馆版权办公室对《数字千年版权法》（DMCA）做出修正调整，宣布苹果 iPhone 用户通过"越狱"来安装第三方软件是合法行为（但保护范围不包括这一年刚推出的新产品 iPad）[1]。这在很大程度上推动了全球"越狱"团队的热情和群体基数的增长，也使得苹果公司对相关黑客"越狱"行为进行的法律起诉变得不再有效。

修正案出台后，苹果公司对此表达了强烈反对，争辩说，允许用户"破解"iPhone 可能导致苹果公司受版权保护的关键技术受损，并致使手机出现安全漏洞，甚至感染病毒，使硬件损坏。但美国版权局表示，当前苹果锁定手机的主要目的是为了把用户捆绑在其既定的网络上，而不是为了保护版权，因此其诉求不会得到支持。不过，由于修正案每三年会修订一次，iPhone"越狱"是否一直受到保护，就要看修订的结果了。

在法律的支撑下，iPhone"越狱"在 2010 年得到了长足的发展。杰·弗里曼通过一系列收购，使得 Cydia 成为"越狱"设备最大的第三方 App Store 提供商，逐步建立起了 ModMyi、BigBoss、ZodTTD/MacCiti 等应用源。同时，他也开始计划在 Mac OS X 上推出 Cydia Store 作为 Mac App Store 的补充（非完全替代）。

虽然在这一年，神奇黑客霍兹的注意力转移到了"破解"索尼 PS 3 设备上，但是他身后已经开始涌现出"树人"（Stefan Esser）、"肌肉男"（MuscleNerd）等黑客大神，以及 iPhone Dev Team、Chronic Dev Team 等黑客团队。他们陆续开发出的 PwnageTool、Redsn0w（红雪）、Ultrasn0w（暴雪）等多款"越狱"和解锁工具，帮助全球无数用户脱离了"牢狱之灾"。

---

[1] 阳淼.数字千年版权法修正案通过 iPhone 合法越狱[EB/OL].(2010-08-10)[2020-08-29].https://tech.qq.com/a/20100810/000100.htm.

2011 年 | iPhone 4s | iOS 5

这一代的 iOS 加入了 Siri、iCloud、iMessage 及 Assistive Touch（小白点）等功能，同时 App Store 开始支持人民币支付，变得更为成熟丰满。iPhone 4s 与 iOS 5 显得尤为不同的一个重要原因是，乔布斯于这一年 10 月 5 日逝世。在此之前的 8 月 25 日，他把苹果公司交给了继任者蒂姆·库克。而这对 iPhone "越狱"圈子来说也是一个大事件，因为相对于乔布斯的桀骜性格，库克更为温驯干练，也更愿意接受用户针对 iOS 的不足提出的改进建议。

自 2010 年开始，中国用户的暴增使得国内"XX 助手"这样的"越狱"辅助软件开始出现。此类软件不但提供"一键越狱"功能，而且向用户提供便捷的应用安装通道。"免费装正版"往往是最大的亮点。其中的孰是孰非，本书会在后面详述。但"XX 助手"以其"安全越狱"和"免费装正版"等服务，确实为扩大国内"越狱"人群规模做出了贡献。

但正所谓"道高一尺，魔高一丈"，在"越狱"受到法律保护后，苹果开始改用其他措施分化"越狱"群体：

首先，在黑客技术精英这里，苹果通过高薪聘请或者悬赏漏洞举报等方式，设法让这些人为自己工作。例如在这一年的 8 月，开发 JailbreakMe 的黑客 Comex 即通过 Twitter 宣布，他将"金盆洗手"，并前往苹果公司做实习生（图 1-3）——Comex 当时年仅 19 岁。另一个与此相关的消息则是，在 iPhone "破解"和"越狱"领域内大展拳脚的黑客霍兹，在这一年的 6 月 27 日加盟了 Facebook。

图 1-3 Comex 宣布前往苹果公司做实习生

其次，苹果不遗余力地加快优化 iOS。在 iOS 5 中，Assistive Touch 的加入使得 HOME 键不再重要，这也使得功能相同但必须"越狱"才能安装的 Activator 手势插件变成了鸡肋。而 App Store 支持人民币支付明显推动了中国"越狱"群体中那些"拥有购买力，因而更担心设备安全"的人开始选择远离"越狱"。

第 6 代 iOS 开始支持 3D 矢量地图，并加入了 Passbook、全景相机、蜂窝数据状态下的 FaceTime 及云端传输照片的防丢功能。这些优化让欧美用户越来越感觉舒适，但是对中国用户来说还不够。后者最需要的九宫格输入法、来电归属地显示等功能，可能由于"在国际领域需求甚少"，还未能进入苹果的优化序列，很多人仍然只能通过"越狱"自行安装"适合中国国情"的 App［例如 KuaiDial（图 1-4）］来实现。

图 1-4　KuaiDial 界面

这一年年末，有关 iPhone "越狱"是否合法再次迎来了官方裁定。美国国会图书馆版权办公室表态："政策保持不变"，即 iPhone "越狱"仍然合法，但 iPad 不在此列，因为平板电脑是个宽泛的概念，不能纳入"越狱"合法的名单范围内。①

---

① 网易手机. iPhone 越狱依然合法 iPad 却惨遭不幸［EB/OL］.（2012-10-26）[2020-08-29］. https://mobile.163.com/12/1026/16/8EOOJH6O0011665S.html.

2013 年 | iPhone 5s | iOS 7

这一版的 iOS 出现了巨大的革新：向安卓系统学习，设立了控制中心，极大地简化了 iPhone 操作。AirDrop 的出现让传输文件变得无比简单。尤其令中国用户感到高兴的是，这个版本中终于添加了符合中国人使用习惯的九宫格输入法。

虽然当时中国大陆仍未能进入 iPhone 的首发名单，但这样的革新可以被认为是库克领导下的苹果公司主动向"蕴含巨大活力的市场"示好的信号。这里所说的市场，既包括中国这样的消费大国，也包括"越狱"圈子这样的高技术群体，毕竟，以黑客为主的"越狱"圈子不但在 IT 圈拥有强大的话语权，而且本身是出于对 iPhone 的喜爱而不是憎恶才研究"越狱"技术的。他们每次发布"越狱"工具都相当于在提醒苹果公司："喂，你们的 iOS 系统又被我们找到漏洞啦。"

2014 年 | iPhone 6 | iOS 8

这一代的 iOS 革新，最重要的是加入了 Apple Pay，这使得在线支付变得更加简单。在一定程度上，这也说明苹果公司意识到了中国的支付宝、微信支付（分别于 2004 年、2014 年上线）的影响甚至冲击。

但对中国用户来说，更大的喜悦来自 iOS 8 加入了来电归属地显示功能。此外，iOS 8 还允许用户使用第三方输入法替换原生的输入法。来电归属地显示功能可以被视为库克进一步关怀中国用户的标志，毕竟在当时的中国，各种垃圾骚扰电话不断，而如果手机没有来电归属地显示功能，每个人每天都要接上好多个垃圾推广电话。这一功能的加入又使得国内"越狱"群体规模稍微缩了缩水。

值得一提的是,从 iPhone 6 开始,苹果公司终于放下了乔布斯时代"手机坚决不做大"的理念。iPhone 6 Plus 达到了史无前例的 5.5 英寸,彻底融入了早已被安卓手机们搭建好的大屏阵营。从这个角度,我们仍然可以认为这是库克"堵不如疏"的表现。而这种态度使得 iOS 得到了在加速优化上的惯性,也使得"越狱"群体的金字塔塔基不断松动——普通用户发现 iOS 已经够好了,就不愿意再冒"万一'越狱'失败,手机就难以使用"的风险了。

2014 年对中国"越狱"群体来说是非常值得骄傲的一年,因为在当年的 6 月 24 日,中国的独立"越狱"技术研发团队"盘古"在世界范围内首发了针对 iOS 7.1.1 的完美"越狱"工具。[①]

iOS 8 于 2014 年 9 月 17 日推出。到 10 月 22 日,"盘古"团队又发布了针对 iOS 8 的完美"越狱"工具。11 月 30 日,国内另一支"越狱"团队"太极"率先发出了针对 iOS 8.1.1 的完美"越狱"工具。这些成绩表明,在"越狱"这场世界范围内的高科技角逐中,中国力量开始崭露头角。

2015 年 | iPhone 6s | iOS 9

iOS 9 加入了 3D Touch、护眼模式、广告屏蔽、实况照片等功能,同时 iPhone Plus 版的大屏化策略被延续了下来。虽然这一代的 iOS 被用户吐槽得较多,但我们在它身上仍然能看到不断学习"越狱"工具乃至安卓工具的影子。例如广告屏蔽工具就是这样一个例子。先前,iPhone 并不具备原生的广告屏蔽工具,使得很多用户选择通过"越狱"安装免费屏蔽插件,

---

① 每一代的 iOS 基本都在下半年发布,例如 iOS 8 是在 2014 年 9 月推出的,因此"盘古"团队在 6 月发布 iOS 7.1.1 版本"越狱"工具并不过时。

或者在 App Store 里购买如 Adblocker 这样的专业工具。好玩的是，在 iPhone 自带广告屏蔽工具后，原本标价 3 美元的 Adblocker 马上在 App Store 里改推免费版了。

这一年年末，美国国会图书馆版权办公室再次调整政策，为 iPhone "越狱" 群体大开绿灯——除 iPhone 以外，针对 iPad、可穿戴设备（这一年初代 iWatch 上市）及智能电视的 "越狱" 也被赋予了合法性。

2016 年 | iPhone 7 | iOS 10

iOS 10 的改进包括按压 HOME 键解锁、抬腕亮屏、锁屏滑动等，还包括对通知中心的格局进行较大程度的优化。

出于库克对中国市场的日益重视，从 iPhone 7 开始，中国（大陆）终于进入了产品的首发名单。或许是为了与之相配合，iOS 10 进一步优化了先前已经推出的来电归属地显示功能。

这个功能之前虽然已经推出，但在具体性能上仍然似鸡肋。最主要的问题是只能显示陌生电话的归属地，并且也不能标记对方是否属于骚扰电话。这使得许多被电话骚扰的中国 iPhone 用户仍然要借助 "越狱" 插件来满足需求。而在 iOS 10 中，通过第三方 App 的协助，这个功能终于完美解决了上述问题，这也使得用户对 "越狱" 的实际需求变得越来越少了。当然，这还没有完全把 "越狱" 的市场消灭，因为仍然有人会为了安装某些非常个性化的东西而执着于 "越狱"，甚至有些人 "越狱" 的目的只是体验 "越狱" 本身。但无论如何，此时无论在中国还是在欧美，"越狱" 团队的小众化倾向是非常明显的了。

2017—2020 年 | iOS 11—14

在这几年里，国内外的"越狱"领域都进入了一个低谷。究其原因：一方面，iOS 的不断进步使原本会投降"越狱"圈子的用户放弃了"越狱"的念头。通过优势开发及博采众长，苹果公司持续向 iOS 中注入了新功能：ARKit、更智慧的 Siri、勿扰模式、夜间深色模式、地图街景功能、照片自动分类、分屏模式、访客模式、Apple News 小组件、短信验证自动填写等。另一方面，"越狱"群体也因为规模的萎缩、团队的分化而开始重新梳理这项事业。一个典型标志是，作为最大"越狱"应用市场的 Cydia，其三大应用"源头"中的两个 ModMyi、ZodTTD/MacCiti 在经历了将近十年的运营后，于 2017 年年底宣布关闭，剩下的一个应用源 BigBoss 也因为不堪承接转移过来的重负而宣布"暂停接受主题包上传"。

> 2018 年 12 月，Cydia 之父杰·弗里曼在 Reddit 论坛上宣布了关闭 Cydia 商店的消息。这对全球"越狱"事业和团队来说，都是一次重击。

2018 年 12 月，Cydia 之父杰·弗里曼在 Reddit 论坛上宣布了关闭 Cydia 商店的消息。这对全球"越狱"事业和团队来说，都是一次重击。杰·弗里曼对此的表态是：他想在年底前完全关闭 Cydia 商店，而在收到漏洞报告后他正在考虑将时间提前（到本周末）。这项服务让他赔钱，而且他也没有任何热情去维护它。① 虽然最后"关店"的计划改成了"保留商店但关闭购买功能"，但这也意味着 Cydia 只是作为一个历史遗迹存在了，用户不能再从这里获取新的项目。

在中国，一直与"盘古""越狱"工具相伴的应用平台"PP 助手"也在 2020 年 2 月 28 日正式下线 iOS 版产品，包括

---

① 极客世界. Cydia 商店关闭，越狱慢性消亡[EB/OL].（2018-12-18）[2020-09-02]. https://www.sohu.com/a/282614129_105527.

“PP 助手”iOS 版、“PP 助手”PC 版等（图 1-5）。当然，这并不意味着 iPhone“越狱”事业的全面枯萎。这一年年末，美国国会图书馆版权办公室再次调整“越狱”合法范围，iPhone“越狱”延续合法身份，蓝牙音箱等新型智能产品的“越狱”也合法了。

重要公告

尊敬的PP助手 iOS 版用户：

衷心感谢您多年以来对我们的支持及厚爱。

因业务调整，PP 助手将于 2020年2月28日 正式下线 iOS 版产品，包括 PP 助手 iOS 版、PP 助手 PC 版 等。

对您造成的不便还望理解，我们期待您继续支持和关注 PP 助手其他产品。

2020 年 2 月 14 日

PP助手

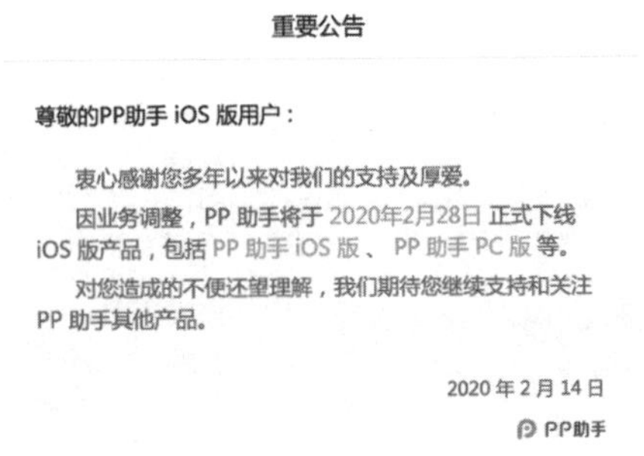

图 1-5　“PP 助手”下线 iOS 版产品的公告

随着“越狱”群体规模的萎缩，它越来越浓缩为少数执着型黑客手中的硬核游戏。例如在 2020 年 3 月，有一个团队基于 checkra1n 的“越狱”解决方案，为安装有 iOS 13 的 iPhone 刷入了安卓系统并成功运行（图 1-6）。4 月，另一个团队在无须“越狱”的前提下，给 iOS 系统装上了 Windows 10 系统（图 1-7）。5 月，有一个团队宣布他们创造出了一项强

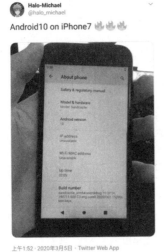

图 1-6　装有 iOS 13 的 iPhone 被刷入了安卓系统

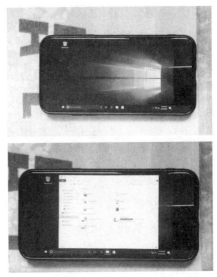

图 1-7　被装上 Windows 10 操作系统的 iPhone

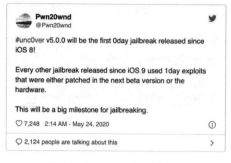

图1-8 Pwn20wnd高度评价 unc0ver v5.0.0

力的"越狱"工具unc0ver，它可以支持2014年至今所有iOS版本的"越狱"（图1-8）。

然而，事情往往会峰回路转。2020年8月6日，美国总统特朗普签署政令，强制要求在45天后，禁止美国公司或个人与微信的母公司进行交易。这意味着苹果公司将不得不在App Store中删除微信，而微信将不能再在包括iPhone在内的苹果产品中使用。一时间，"如果只能二选一，你选苹果还是微信"成了中国网民的热门话题。由于中国市场至少占到了苹果全球市场的30%，因此中国网民如何选择成了苹果公司关注的焦点。

根据中国媒体的在线调查，绝大多数的中国网民选择了微信。这对苹果公司来说自然不是一个好消息。但是，站在"越狱"的角度，这个几乎已经走向式微的小众技术似乎看到了复活的希望——毕竟，只要依靠它，用户就能够实现"在拥有iPhone的同时也可以继续使用微信"。

"越狱"与黑客精神

"越狱"的圈子里主要包含两类群体。第一类是头部、核心、小众的技术黑客精英，他们负责研究iOS系统，找到相应的漏洞并在此基础上研发"越狱"工具；第二类是底部的大众型"越狱"技术文化爱好者和追随者，他们的技术力量有限，但出于兴趣，愿意试用"越狱"工具来美化自己的iPhone，并在此基础上努力向外推广"越狱"文化。在这一节，我们将主要讲述第一类群体，分析一下是怎样的一种精神激励着他们在很长的时间里持续为"越狱"事业贡献心力。

在分析之前，我们有必要先认识一下"黑客"。这个词在很多中国人眼中成了"计算机犯罪分子"的代名词，但是在欧美技术圈中并非如此。

我们现在所说的"黑客"是对英文单词"Hacker"的音译。"Hacker"这个词的词根是hack，原意是"劈、砍"，又引申为"把一件事干得很漂亮"。大约在20世纪60年代，"Hacker"被人们用来指称技术高超的计算机程序员。后来有词典对此做了明确的界定，比如日本《新黑客字典》的解释：喜欢探索软件程序奥秘，并从中增长其个人才干的人。他们不像绝大多数电脑使用者，只规规矩矩地了解别人指定了解的范围狭小的部分知识。

> 喜欢探索软件程序奥秘，并从中增长其个人才干的人。他们不像绝大多数电脑使用者，只规规矩矩地了解别人指定了解的范围狭小的部分知识。

黑客最早诞生在美国。20世纪50—60年代，第一批计算机黑客崛起于麻省理工学院（MIT）。这是一批痴迷于程序设计和系统漏洞检索的青年学子，但很快被更为激进的后辈淘汰。然而，他们留下的遗产也是极为丰厚的，至今黑客常用的多种技术手段（如暴力"破解"、后门程序等）都是由他们创造出来的。

20世纪70年代，在"反越战""反禁锢"等浪潮的影响下，美国出现了新一批宣称要"打破计算机垄断""让计算机真正为人民服务"的青年黑客。由于当时计算机基本都掌握在政府部门、军队和科研院校手中，这些年轻人——其中包括苹果公司的两位联合创始人沃兹尼亚克、乔布斯及微软公司总裁比尔·盖茨等——就凭借天才的头脑，研制出小巧轻便的个人计算机（PC），并为它编制相应的软件程序。

20世纪80年代被称为"黑客的十年"。其间黑客群体出现了最初的分化。随着PC和互联网（当时还叫阿帕网）的流行与普及，计算机网络的商业价值日益凸显，特别是当1980年12月美国政府修改了版权法，明确保护商业软件版权后，很多黑客开始利用技术手段"破解"（Crack）商业软件，或者入侵商业服务器窃取资料牟利，于是欧美的黑客为了区别这些人，把他们称为"骇客"（Cracker），但可惜的是这个名词在中文里的流传度远没有"黑客"这么高。

相对于美国来说，中国的IT事业起步较晚。20世纪80年代末PC才开始进入家庭，而接入互联网的时间则已是1994年。所以从时间上看，中国黑客的诞生至少要比西方晚40年。发展到今天，中国黑客群体同样分化出了多个种类。但与国外不同的是，由于认识和翻译的原因，在中文媒介环境下"骇客"等概念罕见，多的是以"黑客"一词来统一指称"互联网犯罪分子"。这种看似不经意的"误读"给原生的中国黑客群体及其文化的发展带来了很大的障碍。

但是幸好欧美科技文化圈对"Hacker"一词仍然保留着相当的敬意，并且一些媒体记者和传记作家也在不遗余力地对此进行澄清和推广，使得黑客及黑客精神得以薪火相传并发扬光大。早在1984年，美国著名科技记者史蒂芬·利维就在自己的著作中归纳了后来被称为"利维原则"的黑客伦理准则（the Hacker Ethic），其内容包括：

- 对计算机的使用应该是不受限制和完全的。
- 所有的信息都应当是免费的。
- 怀疑权威，推动分权。
- 计算机使你的生活变得更好。
- 任何人都可以在计算机上创造艺术和美。
- 应该用黑客的高超技术水平来评判黑客，而不是用什么正式组织或他们的不恰当标准来判断。

"利维原则"至今仍是西方黑客文化内涵的生动写照。当今世界，黑客大家庭里早已分布着不同种族、性别及年龄段的成员，他们在根本上以其技术和行为体现着"利维原则"：反垄断、反限制、反封锁、技术至上及排斥或拒绝主流文化法则。

值得注意的是，《黑客：计算机革命的英雄》特意选在1984年出版，大有呼应奥威尔预言之意。此时的美国虽已逐渐摆脱过去30年来的禁锢、保守、铁板形象，但在利维看来，黑客群体仍然担负着对抗主流文化特别是冷战思维及商业化侵蚀的重任。

进入网络时代后，由于世界政治、经济、文化观念和生活方式的快速变化，黑客文化在主要精神价值追求不变的情况下，在外在风貌上变得更接近流行时尚了。中国学者李婷就在她的著作《离线：黑客》中给出了一份更为"接地气"的黑客文化特征表[1]，内容包括：

> 整体形象：聪明、不修边幅、热忱，却常常走神。虽然是久坐专业户，但是大多数黑客都偏消瘦。
>
> 穿着：休闲、嬉皮士风格。T恤、牛仔裤、跑鞋、凉拖（或者赤脚）；长发、络腮胡、小胡子也很常见。
>
> 性格特点：聪明、有强烈的好奇心；我行我素、不愿墨守成规；社会认同或金钱刺激对他们的驱动作用很弱。
>
> 阅读习惯：科学和科幻题材作品；订阅《模拟》（Analog）、《科学美国人》（Scientific American）但不屑于看《连线》（Wired）等自诩为"赛博朋克"的杂志。
>
> 政治倾向：反对极权；要么不关心政治，要么就

---

[1] 李婷. 离线：黑客[M]. 北京：电子工业出版社，2015：1.

有自己一套独特的政治观念。

信仰：不可知论者、无神论者、不信教的犹太人、新异教徒，也会受禅宗、道教影响。传统的基督教信仰者很少。

性：相比于主流文化，更能接受多元化（一夫多妻、一妻多夫）的性观念。他们中也有不少同性恋或双性恋。

（略有改动）

显然，根据上述原则，并不是每一个计算机程序员都能够被称为"黑客"，否则人们就没有必要在计算机程序员之外另立这样一个名称了。简单地说，黑客可被视为"有更高尚精神追求的"程序员。而想更为清晰地明白这两者之间的区别，我们可以听听著名黑客李纳斯·托沃兹（Linux操作系统之父）的观点。

李纳斯说，任何一种文化方式伴随物质条件的不断丰富都会经历三个阶段：起初仅仅是生存之需；之后变为社会性标志；最后进化为娱乐。李纳斯的"三阶段论"几乎可以用于解释一切文明进程，但显然并非每一种具体的情形都已经发展到了"娱乐"阶段。不过既然这一理论是从计算机程序文化环境中提出的，那么自然意味着程序员的工作精神已经不再是为了果腹那样简单了。

作为一种需要高级知识技巧支撑的工作项目，编程活动本身不可能在物质匮乏的时代展开。但我们依然可以将诞生在发达工业社会的最初程序员视为以脑力劳动换取牛奶和面包的一批人。这样的程序员还不能孕育黑客精神，因为他们仅仅是为生存而工作，不需要也不存在自己的文化意识。他们统一穿着制服受雇于IBM之类的公司，按月领取薪水，机械地生产出软件作品。

当程序员脱离温饱到达"小康"时,黑客思想就开始发芽。技术自此开始展现出初步的文化光彩——拥有好奇心,抵制无聊和单调,追求自由,反抗权威……李纳斯在此基础上提出了另一个重要论断:"对黑客来说,生存不是主要问题。他们依靠 Twinkies 饼干和 Jolt 可乐生存得很好。"[1] 利维所总结的黑客文化精神同样至少以"小康"环境为基础,但是李纳斯觉得这还不够,黑客只有进入"娱乐"层面才能从终极意义上释放他们的活力。

"小康"层面与"娱乐"层面对程序员而言究竟有何不同呢?至少在前一阶段,相当数量的技术高手仍渴望为财富而战,那些依然被房贷、车贷压弯脊梁的黑客同行们显然无暇去体会虚拟的幸福。而李纳斯之所以能够发出共鸣,是因为他淡泊名利、清贫乐道,不假思索地就放弃了成为第二个比尔·盖茨的机会(假如他选择将 Linux 作为私有软件出售盈利的话)。在 Linux 的影响日甚一日的时候,他低调地带着全家从芬兰跑到美国,受雇于硅谷一家名为全美达(Transmeta)的 CPU 设计公司,继续以业余身份从事 Linux 的开发维护工作。

李纳斯指出了一个简单而又残酷的事实:黑客精神不能建立在个别成员道德品质超凡入圣的基础上。黑客亚文化必须依靠强大的物质基础才具有与主流文化一较高下的实力。正如再吝啬的财主也不会拒绝通过施粥博取名声那样,一个物质丰沛、资源充足的社会环境自然能让所有黑客放下追逐财富之心。这样的社会在另一位黑客埃里克·史蒂文·雷蒙德[2]那里

> 黑客精神不能建立在个别成员道德品质超凡入圣的基础上。黑客亚文化必须依靠强大的物质基础才具有与主流文化一较高下的实力。

---

[1] 派卡·海曼. 黑客伦理与信息时代精神[M]. 李伦, 魏静, 唐一之, 译. 北京: 中信出版社, 2002: 12.

[2] 埃里克·史蒂文·雷蒙德, 1957 年 12 月 4 日出生于美国波士顿, 常用名称 ESR, 著名计算机程序员, 开源软件运动的旗手。

被称为"天才社会",运行于其中的伦理道德则建立于一种"天才经济学"之上。

这种天才社会也被称为礼物社会。在这里,能为你赢得尊重的不是你拥有和控制着什么,而是你为这个社会做出了什么。以开源这样的行为为例,你固然可以将它理解为早期黑客常年协同工作绽开的友情之花,但是当你发现即便是素昧平生的黑客之间也能迅速就开源达到心领神会的时候,你就该明白这里有一种超越友谊的精神纽带在负责维系。这种纽带就是在天才社会里才会流行的价值标准。当黑客环顾四周,发现磁盘空间、网络带宽、计算能力等"必需品"已经富足到无须担心的程度时,开源共享自然就变成了风雅的时尚及赢得同行赞誉的砝码。对此埃里克·史蒂文·雷蒙德有过如下的总结:天才文化不适合穷人,只适合富人。它是从那些不用为温饱奔波的人群中崛起的。我们可以从那些生活在气候温和之地、食物充足的原始部落中观察到这种文化的踪迹,也可以在我们自己的社会中观察到这种现象,尤其是在那些娱乐性行业或富人阶层中。①

黑客这个群体的特立独行及富有文化价值观念的特征,使得我们不仅可以从技术层面,还可以从文化层面来对之进行分析。以苹果公司早期的著名产品 Apple Ⅰ 和 Apple Ⅱ 为例,它们最早是作为小众文化的代表来与主流的 IBM 产品抗衡与博弈的。然而到了 iPhone 这里,它已经不可能再定位为小众产品了,此时如 App Store 等苹果原本用于保障其内部纯洁性的技术手段不可避免地变成了广大用户心中的桎梏。所以从这个角度来看,由黑客引领的"越狱"技术行动事实上就可以被视为

---

① 约翰·诺顿. 互联网:从神话到现实 [M]. 朱萍,茅庆征,张雅珍,译. 南京:江苏人民出版社,2001:201.

一场文化层面的反抗。

然而，事情并非如此简单。如我们所知，很少有一种文化反抗是一方怀着对另一方的深厚感情来推进的，但是对iPhone进行"越狱"的黑客们显然并不试图通过此举来打击苹果公司的销售业绩。"越狱"这一"破坏性"举措事实上也不会对iPhone的使用造成任何性能上的影响（至少在这批技术精英眼中是如此）。黑客们非但不对iPhone怀有恶意，相反地，他们在很大程度上都是iPhone的忠实用户甚至铁杆粉丝。只是在这些黑客眼中，苹果公司的产业保护与iPhone本身的精良制作之间构成了一种强烈的矛盾。苹果公司通过App Store人为限制了iPhone的能力，因而他们决意拿起技术武器解放受压迫的iPhone。这些黑客为此付出了大量的时间精力，彼此竞赛呼应，并且基本上不主动追求任何经济回报（比如将"破解"的软件标价出售）。他们只是厌恶苹果公司对其崇拜物"理应拥有的自由"的禁锢与亵渎。

到这里，我们对热心从事iPhone"越狱"的黑客们就有一个初步的文化背景了解了。对他们来说，他们首先已经通过IT程序员的身份获得了"财富自由"（这当然是因人而异的，有些人对物质生活要求不高，并不需要别墅、豪车等来衬托自己），因此他们就开始选择把精力放在付出和奉献层面，希望能在黑客文化圈中，通过自己的技术成就来赢得同行的赞许。而在诸多可以用来获取成就的领域中，寻找iOS系统漏洞，进而抢在其他人之前研发出完美的"越狱"软件，已经成为一顶技术皇冠。能以单人或小团队之力击破苹果公司成百上千位程序员合理编织的iOS系统，无疑能带给自己一种蚂蚁战胜大象的巨大荣耀感。

因此，他们就开始这么做了。无论霍兹、"树人"、"肌肉男"这样的单体黑客，还是iPhone Dev Team、Chronic Dev

Team、"盘古"、"太极"这样的"越狱"团队,都秉承着大致相似的理念。限于篇幅,在这里我们打算以为"越狱"事业做出巨大贡献的 Cydia 之父杰·弗里曼为代表来分析一下。

图 1-9 杰·弗里曼

杰·弗里曼(Jay Freeman,网络 ID 为 Saurik,图 1-9)是一位优秀的程序员,也是"越狱"团队 iPhone Dev Team 中的一员。他名字中的"Freeman"似乎已经向我们暗示了他的文化追求。网上有传说,他是因为向 App Store 投的一个自己编写的视频拍摄软件未被上架,一气之下才用 Cydia "另开新店"的。这显然并不符合事实,因为从时间上说,初代 iPhone 是在 2007 年 1 月问世的,当时的 iOS 系统中还没有 App Store。App Store 是 2008 年 7 月推出的,而杰·弗里曼在这一年 2 月就写出了 Cydia 的第一个版本。

但毫无疑问,杰·弗里曼创造 Cydia 就是为了打破 iOS 的封闭,为 iPhone 使用者提供安装第三方应用的优秀而可靠的平台。在他看来,iPhone 很精致,但是受到了苹果公司过多的束缚——这里的束缚最典型地表现在"不向用户开放 iOS 系统的最高权限",因此用户只能在"应用层"按苹果公司设定好的路线、框架来使用 iPhone,不能去"系统层"更改原有设定,从而让自己的手机更加个性化。从某种意义上说,如果把 iPhone 比作一幢房子,那么用户更像是租客而非房主。

Cydia 与"越狱"软件(比如 JailbreakMe)的合作就很好地打破了苹果公司对 iPhone 实行的"底层保护"。"越狱"软件把 iOS 的保护墙凿开了一个窟窿,Cydia 则犹如一把长梯,让第三方应用可以源源不断地通过这个窟窿进入 iPhone 为用户服务。这方面如杰·弗里曼自己所说：App Store 中的应用只能在一个受限的范围之内运行，无法处理复杂的事情或动作，比如多任务，Cydia 却给用户提供了更多功能。

在 2010 年 7 月美国宣布 iPhone 用户通过"越狱"来安装第三方软件为合法行为之前，苹果公司习惯于通过法律恫吓来阻止用户"越狱"。而在"越狱"行为合法化之后，法律武器不再有效，苹果公司就开始用"'越狱'设备不再享受质保""'越狱'可能导致手机无法开机或数据泄露"等说法来劝阻用户安装 Cydia。虽然"'越狱'可能导致手机无法开机或数据泄露"这一点已经被无数用户的实操结果否认了，但是"'越狱'设备不再享受质保"已经被苹果公司隐晦地写入了公开条文里。

在这种情况下，已经"越狱"的 iPhone 似乎就成了庞大同类中被抛弃的"孤儿"。那么在这个时候，Cydia 就站了出来，充当了保姆角色。"越狱"用户很快发现，与 App Store 相比，Cydia 一点儿也不差，甚至表现得更具亲和力。特别是很多被 App Store 无理下架的 App，在这里都得到了友好的展示。同时，这里也是一个黑客程序员频繁出没并讨论各种问题的社区，当然"越狱"及"Free"是其中永恒的主要话题之一。

杰·弗里曼希望通过 Cydia 传达的理念是"Free"，但这个词在这里主要被解释为自由而非免费——Cydia 中的应用并不都是免费的（它同样谋求为 App 开发者带来收益，但 Cydia 本身并不像 App Store 那样抽取分成），Cydia 真正富有魅力之处是为开发者和用户提供更为广阔的"自由"。虽然这种自由并非没有边际（比如涉及色情、极端思想等的 App 会被禁止），但是其宽容度远比 App Store 的要高，并且最重要的是Cydia 在审核标准上达到了最大限度的公开透明，并且允许开

> 杰·弗里曼希望通过 Cydia 传达的理念是"Free"，但这个词在这里主要被解释为自由而非免费

发者和用户一起参与讨论。杰·弗里曼对此做了总结：Cydia 上的应用有各种功能，用户甚至可以在后台运行它们，而且还不受图标显示限制；Cydia 能给开发者更多控制权。

到这里，一些读者就会产生这样一个疑问：即便"越狱"工具和 Cydia 再好，黑客的出发点再高尚，他们的所作所为也确实影响到了苹果公司的营业利润——倘若没有"越狱"和 Cydia，就会有更多人老老实实地去 App Store 购买应用，从而为苹果公司贡献更多利润。那么，苹果公司何以能如此长久地容忍"越狱"社区的存在呢？

这其实是一个对"越狱"文化考察项目来说非常重要的问题。我们在后面会展开论述，在这里则可以先把答案归结为以下几个方面：

首先，苹果公司及美国硅谷等的深厚、浓郁的黑客文化氛围导致无论乔布斯还是库克都无法对"越狱"痛下杀手。库克只是职业经理人，而乔布斯可是与比尔·盖茨、沃兹尼亚克等一众黑客精英一同成长起来的，苹果公司的海量程序员中也必然存在相当比例的"黑客精神"崇拜者和践行者。美国 IT 界黑客氛围浓厚，苹果公司更是其中重镇。如果苹果公司选择对"越狱"痛下杀手，成效如何暂且不论，但在 IT 界与黑客圈子中势必大失人心。在这一点上，微软已有前车之鉴，乔布斯当然不肯轻易重蹈覆辙。因此，在 IT "江湖"解决问题时，苹果公司选择了充分考虑"江湖"的文化，不敢痛下杀手、赶尽杀绝，导致自己不想看到的极端后果出现，例如精英程序员们纷纷不再把苹果公司当成入职的首选。

其次，"越狱"群体纵然规模不小，但与全体 iPhone 用户规模相比仍然微不足道。在"越狱"圈子，无论开发者还是追随者，基本以对软硬件技术有一定了解的人群为主，但是我们身边还有大量只是出于喜爱 iPhone 的精致华美而购入 iPhone

的用户，他们几乎对"越狱"没有胆量或者不感兴趣，甚至可能完全不知道有"越狱"这回事存在。因为这样的原因，因"越狱"而损失的利润在苹果公司看来也就处于"尚可容忍"的范围内了；同时，"越狱"带来的特定人群对iPhone的高度关注、崇拜甚至痴迷，也成了苹果公司额外的非物质收获。根据苹果公司2020年1月的财报，App Store在2019年贡献了542亿美元的销售额，历史累计销售额则达到了1 550亿美元，而这些数据就是这方面最好的证明。①

再次，苹果公司也不是没有采取过法律手段，比如它曾向美国版权局提交了长达27页的声明，称黑客私自更改苹果手机设置违反了《数字千年版权法》，要求版权局根据相关法律予以处理，不过这一申诉并没有换来雷厉风行的打击活动。这里的一个关键因素在于相关"越狱"活动仅限于"技术交流"，霍兹等人并没有公开叫卖他们的"越狱"软件，因此舆论普遍站在了黑客及广大苹果消费者这边：苹果公司对自家产品做出的种种限制是可笑而无理的。没有哪个手机厂家有权禁止用户改造自己的设备，正如没有哪个汽车公司能公然禁止用户改装自己的车辆那样。在用户购买了iPhone、iPad等产品之后，摆弄、改造及与周围人分享心得都是他们天然享有的权利。如果苹果公司想要平息事端，最好的办法就是设计出令黑客难以"破解"的升级固件。如果指望通过法律手段强行禁止，那么势必将触及美国人心中根深蒂固的自由底线。

前面已经梳理过，苹果公司试图走法律途径的努力，在2010年美国国会图书馆版权办公室根据《数字千年版权法》修正案宣布iPhone"越狱"合法后遭到了重创。此后，非但

---

① 黄无然.苹果交出2019年服务成绩单：App Store年利润高达小米的10倍[EB/OL].(2020-01-09)[2020-09-05].https://tech.sina.com.cn/roll/2020-01-09/doc-iihnzhha1456740.shtml.

iPhone"越狱"始终保持着合法性,甚至 iPad、iWatch 等新产品的"越狱"也被陆续加入了合法名单之中。时至今日,苹果公司只能选择通过法律以外的手段来与黑客们抗衡。如果总结一下,那么其手段主要包括以下几种:

● 向黑客高薪悬赏 iOS 漏洞——"你找到漏洞后就不要去制作'越狱'工具了,直接出售给我们公司吧"。确实有一部分黑客选择了就此达成交易。

● 直接用重金雇佣黑客到苹果公司来工作,让他们从"攻击者"转变为"防御者"。前面提到的开发 JailbreakMe 的青年黑客 Comex 就是这方面的代表。

● 放低身段(尤其在库克时代),努力学习"越狱"应用和安卓 App 的长处,让 iOS 更加快速地丰富、优化——这虽然不能阻挡黑客精英和少数技术痴迷分子"为'越狱'而'越狱'"的行动,但可以很好地瓦解"越狱"群体中最底层但人数最多的"为享乐而'越狱'"派,从而对整个"越狱"社区起到釜底抽薪的作用。

不得不承认,苹果公司的上述措施是非常有效的。尤其是接替乔布斯上任的首席执行官蒂姆·库克,以更为谦虚审慎的风格,在短短几年内成功瓦解了"越狱"社区原本极为坚固的人气构架,让"越狱"从一种几乎要在全球范围内产生巨大影响力和关注度的"技术盛宴",缩减成了只有少数硬核黑客与追随者还愿意持之以恒的小众游戏。

iPhone"越狱"的合法化推动了这一活动在全球范围内的流行。本章主要讲述了它在发源地美国的情况。中国的"越狱"文化又是怎样的面貌呢?请看下一章的分析。

中国有"盘古""太极"这样的顶尖黑客"越狱"团队。他们虽然甚少与 iPhone "越狱"爱好者直接互动,但他们研发的工具能武装威锋网论坛中前赴后继的青年网民,为培育"越狱"后备军奠基。

"越狱"在中国

由于历史原因,比起以美国为代表的发达国家来说,我国在 IT 信息领域起步较晚,但是我国很善于通过学习,以迅猛的速度迎头赶上,最终创造出具有自身特色的成就,并且成为国际舞台上不容小觑的力量。

20 世纪 90 年代,当欧美发达国家早已习惯"家家有电脑"的时候,个人计算机在中国还是非常稀罕的设备。进入 21 世纪,随着我国整体经济实力的增强,手机、宽带的普及速度就不比发达国家慢多少了。具体到 iPhone,虽然直到 2016 年的 iPhone 7,中国消费者才首次得以作为"首发市场用户",通过电商或实体店在第一时间买到 iPhone,但是在此之前,iPhone 早就受到了大量国人的追逐,他们纷纷通过海淘甚至购买水货(再经"破解"等技术处理)的方式"先用为快"。非常具有戏剧性的情景是,iPhone 的全球最大装配市场一直在中国(深圳富士康),但在很多年里,这些在中国本土生产的 iPhone 无法第一时间在中国销售。

> 非常具有戏剧性的情景是,iPhone 的全球最大装配市场一直在中国(深圳富士康),但在很多年里,这些在中国本土生产的 iPhone 无法第一时间在中国销售。

曾航在其著作《一只 iPhone 的全球之旅》里描述了上面提到的一幕:当 iPhone 乘坐专机辛苦越洋进入美国销售终端的时候,各种华人、留学生等会被迅速地以 20 美元/时的价格组织起来排队抢购,以零敲碎打的方式蚕食着货源。这些刚到美国不久的 iPhone 们很快又坐上了返回中国的班机,不同的是此刻身价至少翻了一倍。在大洋彼岸有着无数开跑车、拎 LV 的男女急需用它们装点门面,而那些刚考上大学的青年人也毫不犹豫地将它们列为"开学必备"用品。①

因为这样的原因,就 iPhone 的"越狱"文化来说,中国和美国之间并不存在太久的脱节,甚至可以说是同步的。只不过,在最初的几年里,中国并没有在技术层面做出过太多贡

---

① 曾航. 一只 iPhone 的全球之旅 [M]. 南京:凤凰出版社,2011:182-184.

献，更多的是在以拿来主义的方式，消费西方黑客精英打造出的"越狱"利器。但是这段时间的消费也为中国孕育"越狱"技术文化环境奠定了基础。

在这一章里，我们将比较仔细地来考察中国"越狱"技术文化的面貌。由于"越狱"基本上是由黑客技术精英发起的，所以我们将首先描述一下中国黑客文化发展的历程。随后，我们会以中国知名的iPhone"越狱"技术文化讨论区威锋网论坛为研究对象，具体考察不同技术层级的"越狱"活动参与者的活动表现，并尝试从中归纳出一些具有规律性和总结性意义的内容。

"越狱"与中国黑客文化

在上一章我们描述了"越狱"文化在以美国为代表的西方黑客文化圈中的发展历程。可以说，正是独特的黑客文化导致了"越狱"文化的兴盛。由此，当我们试图分析中国的"越狱"文化时，就很有必要先对中国的黑客文化进行仔细的剖析。

为什么美国会成为黑客文化的起源之地？这要从技术这一维度来寻根问源。自19世纪以来，美国在通信技术领域始终呈现出一马当先之势，而黑客技术的发展本身就是建立在一系列通信技术基础上的——19世纪末美国贝尔电话公司里偷听别人交谈、故意误接电话的"坏孩子"和20世纪60年代出现在麻省理工学院的第一代学生黑客都是这方面的代表。虽然那时的大型计算机无论移动还是接触都十分困难，而且它们与每个终端的连接速度也十分慢，但无论如何它们都成为孕育美国黑客文化的基础。

黑客文化与信息技术注定难舍难分，这一点在中国也是一样的。1994年中国正式接入国际互联网。当时计算机、互联网等技术性名词对普通人来说是非常陌生的，互联网的使用者也极其有限——只有由于工作需要"触网"的科研人员或比较富足的年轻人。这一现象的出现有几个原因：第一，互联网和计算机是舶来品，有关计算机和互联网科技的信息也很少能在大众媒体上看得到，普通国人对此没有概念，更不会去主动接触和使用。第二，当时的计算机价格太过昂贵。20世纪90年代初国人平均月收入只有百余元，实在很难想象去购入价格上万的计算机。此外，缺乏教育普及、没有配套资源等因素也限制着计算机和互联网的流行程度。

20世纪90年代中后期，中国互联网技术发展终于迎来了一个小高潮。中国网民开始走出"惠多网"等原始形态的BBS，迈进了Internet这一更为广阔的网络世界，真正实现了与世界接轨。同时，中国电信在此期间实行的大规模优惠让利活动使得网民人数出现了井喷。网民是互联网的体细胞。网民增多意味着互联网不再是少数精英群体的天地，它开始走向千家万户。正是这样的普及发展，使得中国第一批黑客诞生了。

当时从事黑客活动的年轻人中，很多人都成了后来中国互联网安全产业发展的先驱者或者网络商业巨头。进入21世纪，网吧开始遍布大街小巷，台式机和笔记本开始成为大学生入校标配。互联网的群众基础进一步发达，黑客群体的准入门槛也在不断降低，特别是网站、讨论区的兴盛使得相关知识、文化、软件等很容易流传。但黑客群体规模的疯狂扩张也产生了一些问题，一些对技术一知半解甚至可以说一窍不通的"伪黑客"，通过一些卑劣的手段将自己包装成英雄式的技术精英，借此来误导大众对黑客的认知，这无疑是中国黑客发展史上的污点。

技术的发展固然使得中国能依靠自身力量孕育出本土黑客，但对于普通大众来说黑客还是一个相对陌生的词汇。尤其是相较于美国黑客文化中那种狂热式的粉丝形象，中国大众对于黑客总体而言是缄默的。当时的信息传播不像现在那么发达，大众获取信息的方式基本上还限定于面对面传播和大众传播两种，对于外部世界尤其是超越自己固有心理图式的认知基本上是由大众媒体给予和塑造的。大众对黑客的了解其实起源于几次爱国事件及媒体对这些事件的报道。1998年以来一次次国际性事件全面激发了黑客爱国主义的浪潮，随之而来的就是大众对黑客认知的不断刷新。

1998年印度尼西亚发生的"排华事件"成为中国黑客释放爱国热情的第一个出口。黑客们拿起了自己手中的技术武器，用当时相对而言还很稚嫩的方式不间断、有组织地攻击印尼暴乱分子的网站。正是通过这一事件，人们初步了解了黑客这一群体，甚至有些崇拜者开始了对黑客群体和黑客文化的狂热追捧。

1999年北约轰炸我国驻南斯拉夫大使馆事件使得中国黑客又一次大规模团结起来，共同发起了对美国网站的反击。

这两次爱国事件使得黑客的爱国情怀得到了不少人的肯定，至此中国黑客群体也分化出了一支新队伍"红客"——一群将黑客技术和爱国情怀相结合的人。

2000年是国内黑客群体基数不断扩增的一年。这一年，黑客们利用自己在当时已经能称得上精湛的技术不断攻击一些发出污蔑言论的日本网站。

自1998年以来在重大国际事件中本土黑客的爱国言行，通过新闻媒体的报道，使中国大众建构了对于黑客的正面印象。

虽然类似"红客"这样的正能量群体起到了为黑客正名的

作用，但客观而言，在中国的语境下，黑客群体总体上还是处在时常被人们简单视为计算机犯罪分子的尴尬境地。其实，如果以理性的视角去分析黑客群体及黑客文化，我们可以意识到的一点是，黑客本身应该是一个中性词。无论译名"黑客"还是其起源单词"Hacker"，都仅指代一类技术人员。前文已经做过对黑客的群像描绘——他们大致是一个年轻、技术精湛、崇尚自由、倡导信息共享而同时稍稍具备一些反叛和颠覆精神的群体，其实并没有掺杂过多的价值判断色彩。

只是在中国，由于引入"Hacker"这个词汇的时候，恰好是被西方技术圈称为"骇客"的真正计算机犯罪分子（例如凯文·米特尼克）在世界范围内暴得大名之际，在误打误撞之下，"Hacker"这个词就被翻译成了显然带有贬义色彩的"黑客"了。这一锤敲下去，整个黑客群体就都被拖进了污水池，加上本身所从事的高技术工作又很难让普通人理解，因此这种污名化就不可遏制地被流传开来。

黑客被污名化的一个重要影响是，国内本应属于黑客的诸多优秀程序员都不敢用这个名字来称呼自己，他们所开办的网站、杂志也纷纷改用"安全联盟""防护阵线"等名字。即便参与iPhone"越狱"活动，他们也更希望把自己打扮成"技术安全专家"这样的形象。这不得不说是一种遗憾。

中国黑客与iPhone"越狱"发生联系至少可以追溯到2014年。当时，"盘古"和"太极"两个熟悉而又陌生的名字开始通过网络媒体的报道传入中国网民特别是技术爱好者们的耳中。

2014年6月24日注定是属于中国"越狱"者的大日子，因为就在这一天，由中国团队自主研发的iOS"越狱"工具——"盘古越狱"（图2-1）正式发布。

图 2-1 "盘古越狱"工具界面

"盘古越狱"是盘古团队开发的首款 iOS "完美越狱"工具,适配机型涵盖全系列 iOS 7.1.1 的苹果设备。这里有必要对"完美越狱"这一概念稍做解读:"完美越狱"和"不完美越狱"的英文名称分别是"Untethered Jailbreak"和"Tethered Jailbreak"。两者的差别主要在于"完美越狱"不需要连接电脑引导开机,而"不完美越狱"需要连接电脑引导开机。另外,"完美越狱"可以在设备重启后仍然保持"越狱"状态,而"不完美越狱"在设备重启后就会回到非"越狱"状态,甚至造成启动障碍。

"盘古越狱"工具不鸣则已,一鸣惊人。通过这个"完美越狱"工具,"盘古"团队几乎从先前的默默无闻一下子站到了世界"越狱"技术博弈的舞台中央,让欧美黑客精英一下子对中国技术力量刮目相看。

还记得前面提到的"越狱"大神 Comex 吗?他在得知"盘古越狱"工具后当即表示:"非常高兴,'越狱'社区内出现了新鲜血液。"他虽然很支持西方黑客,但是能看到"越狱"工具研发的垄断情况被来自中国的团队打破,还是感到非常欣慰。

另一名黑客"肌肉男"此时已经加入了"越狱"团队 Evad3rs,他也在问询后对"盘古"团队表示了祝贺,同时还肯定了这款"越狱"工具能够胜任后续版本(iOS 7.1.x)的"完美越狱"。

一系列赞赏的背后，也有人在"越狱"社区里提出了隐忧。某些西方黑客表示，"盘古"团队所发现的iOS漏洞其实他们早就知道了。而他们之所以没有使用它来制作"越狱"工具，是因为苹果公司即将发布全新一代的iOS 8。按这些黑客的意思，iOS 7.1.1已经属于强弩之末，提前发布它的漏洞就会让苹果公司把iOS 8的篱笆扎得更牢，从而导致制作iOS 8的"越狱"工具变得困难。

对这种很可能出于技术偏见的态度，"盘古"团队认为最好的做法就是用更好的技术手段来回应。9月17日，也就是在"盘古"团队发布iOS 7.1.1"完美越狱"工具后不到三个月，苹果公司就按期发布了全新的iOS 8系统。一时间，谁能率先攻破iOS 8，发布针对它的"完美越狱"工具，又一次成了"越狱"社区里最激动人心的期待。

10月22日，又是"盘古"！这天下午，在很多"越狱"团队还在苦苦钻研代码之际，"盘古"团队发布了最新的iOS 8.0－8.1.x通用"完美越狱"工具"盘古越狱（iOS 8）"。该工具全面支持运行新系统的iPhone 4s、iPad Air、iPad mini、iPod touch 5及更新款设备，而且能同时支持Windows系统和Mac OS。

这一次，还没轮到"越狱"社区里七嘴八舌的争论，苹果公司就先坐不住了。本来他们对iOS 8的安全性有着很高的期待，认为"越狱"团队很难在短期内攻破防守，哪知道iOS 8仅仅撑了35天就举起了白旗。为了挽回颜面，苹果公司也加快步伐，在当年11月18日发布了新一版的iOS 8.1.1。然而这一切的结果更加出乎所有人的意料，另一支同样本来默默无闻的中国"越狱"团队"太极"粉墨登场，而且也是不鸣则已，"一鸣"就拿出了iOS 8.1.1的"完美越狱"工具。

这样一来，原本略带傲慢和轻视态度的欧美黑客们震惊了。虽然黑客精神让他们信守彼此谦卑和蔼，但在他们心中，这份尊敬本来是料想不到要赠送给一些来自遥远东方的同行的。

然而铁的事实摆在眼前，这些素来以技术自傲的精英程序员们也纷纷为中国黑客竖起了大拇指。2015 年 6 月 23 日，"太极"团队再次领先全球同行，发布了 iOS 8.3 的"完美越狱"工具。消息传出后，美国著名"越狱"网站 iDownloadBlog 第一时间更新官方推特，告知大量刚刚从睡梦中醒来的美国用户，他们又一次可以借助中国人的工具实现"完美越狱"了。著名"越狱"黑客、"越狱"工具开发者"树人"也在其推特上表示：iOS 8.3 "太极""完美越狱"工具发布了，听起来很不错；每一次"太极"团队发布"越狱"工具，他都感觉是一件很不错的事情。Cydia 之父杰·弗里曼也第一时间在推特上发言，表示这一令人振奋的好消息已经驱动他一大早就开始了 Cydia Substrate 插件的更新工作。(图 2-2)

图 2-2 iDownloadBlog 网站、"树人"及杰·弗里曼推特发言

在此时的"越狱"社

区中，大量黑客与技术爱好者都热切盼望了解这两个团队里的中国黑客是谁，有着怎样的来头，为什么可以如此一鸣惊人。在这里，我们当然也要来介绍一番。

先看"盘古"团队（图 2-3、2-4）：

● 韩争光："盘古"团队创始人，16 岁考上哈尔滨理工大学，18 岁肄业后开始从事网络安全工作，曾就职于《黑客防线》杂志、Fortinet 公司等，基本上是做安全技术方面的工作。

● 徐昊：上海交通大学硕士。

● 陈小波：拥有超过 13 年的安全行业从业经历，国内著名网络安全组织 0x557 核心成员，曾就职于"启明星辰"积极防御实验室、McAfee、IntelSecurity、FireEye 等安全公司，主要从事网络安全研究。

● 李小军：北京理工大学硕士，曾任"启明星辰"助理总裁，负责"启明星辰"积极防御实验室。

图 2-3 "盘古"团队合影

图 2-4 "盘古"团队在顶级黑客大会 Black Hat 上演讲。图中为徐昊（左）和王铁磊（右）

● 王铁磊：北京大学博士，美国佐治亚理工学院博士后，是国内首个在 IEEE S&P，NDSS，TISSEC 等顶级学术会议和期刊上以第一作者发表论文的研究人员。2011 年获 Secunia 最有价值贡献者奖。

● 曾凡宇：国内知名的硬件黑客、拆机狂人。

在"盘古"团队中，作为核心成员的韩争光经常面对镜头讲述团队工作。在一次采访中，他大致描述了 iOS 8 之后"越狱"的难度，以及 iOS 日益严密的安全机制：iOS 可以算是目前流行操作系统中安全性最好的一个。在国外收购安全漏洞的公司给出的报价表中 iOS 的漏洞价值最高，这也能从侧面反映出 iOS 的安全性相对于其他系统来说要高。另外，iOS 的安全机制是一步一步在加强的。早期 iOS 的"越狱"难度就相对低一点，因为安全机制不健全。到了 iOS 8 这个阶段，iOS 的安全机制已经达到了一个十分完善的境界，其主要由系统启动、系统更新、代码签名、沙盒、数据保护、隐私保护、缓解机制等组成。

韩争光特别提到了"缓解机制"。他表示这是自 iOS 8 以来苹果公司新增的一项安全防护措施。正如上文所述，以"越狱"为生的黑客们主要运用的技术是寻找漏洞，因此"越狱"和苹果公司的"反越狱"成了一场拉锯战："越狱"者发现某一 iOS 版本的漏洞后实现"越狱"，苹果公司则在尽可能短的时间内发布新版本来弥补这一漏洞，此时"越狱"者们又开始新一轮的寻找漏洞，如此循环往复。那么在采用"缓解机制"的前提下，苹果公司除了修补漏洞外，增加了很多缓解利用的手段。这些手段不仅可以阻碍"越狱"者对新漏洞的利用，甚至在某些情况下可以完全杜绝一个类型漏洞的利用可能。此时"越狱"者想要实现"完美越狱"，就要绕过各种保护手段找到漏洞来组合成一套"越狱"思维，例如绕过沙盒、代码执行、提权、信息泄露、代码签名等。如果"越狱"者不能组合成一套完整机制，那么就算某一个类型的漏洞再多，"越狱"也是不能实现的。

事实上，从 iOS 7 开始，"越狱"的难度已经越来越大了，iOS 8 的"越狱"更是难上加难。但即便如此，"盘古"团队也立志在这条路上执着地走下去，为全球苹果用户带来方便，也为中国黑客赢得世界的尊重。iOS 8 的"完美越狱"体现了"盘古"团队对自由近乎偏执的渴望。正如成员王铁磊在参加墨尔本举行的 Ruxcon 大会时所说的那样："我们真的希望苹果用户能够完全自由地控制他们的设备，能够真正控制设备，而不仅仅是'占有'设备。"①

> 我们真的希望苹果用户能够完全自由地控制他们的设备，能够真正控制设备，而不仅仅是"占有"设备。

我们再来看看"太极"团队。令人惊异的是，这个团队在大部分时间里，其实只拥有一名核心成员，他就是 XN（肖南）。

肖南的履历很神秘，目前外界对他的认知只限于"他一个人完成了 iOS 8.1.1 的'完美越狱'工具制作"。这在很多"越狱"黑客眼里是极为不可思议的，因为这意味着他一个人完成了大量的工作，投入了大量的精力。肖南由此满足了人们对"孤胆英雄"的所有想象。无论国内外的媒体还是"果粉"都对"太极越狱"大加赞赏。但是一个人在这么短的时间内做出的"越狱"工具是否安全可靠呢？这几乎是所有的 iOS"越狱"用户关心的首要问题。好在"越狱"大神"肌肉男"在测试完"太极越狱"之后，在自己的推特上发布了测试"太极越狱"的结果并给出了自己的专业评价——安装过程未见任何预装程序，安装文件没有发现恶意代码，另外它比"盘古越狱"更透明。（图 2-5）

肖南在一次专访中谈及了在研发"太极越狱"工具时的经历。他表示"太极越狱"在 iOS 8.x 时代内的大获全胜并

---

① 菠萝油. 不为金钱为什么？盘古越狱团队接受访问[EB/OL]. (2015-10-29)[2020-09-11]. https://mobile.pconline.com.cn/711/7116502.html.

图 2-5 "肌肉男"对"太极越狱"的评价

非是轻易实现的。在研发过程中他自己也有过许多挫折甚至产生了放弃的念头。比如,在一次"越狱"工作接近尾声的时候,他发现了一个漏洞。这个漏洞有两个错误点,但他当时只关注到其中一个点。经过很长时间的计算,他仍然找不到可行的方法,就准备放弃这个漏洞。然而,就在将要放弃的时候,他重新阅读了那段代码,非常幸运地看到了另一个错误点,经过几分钟的思考后,他完成了"越狱"。

单人完成 iOS 8.x 的"越狱"工作几乎是不可想象的事情。这使得肖南在成功之后,有不少"果粉"将他比喻为拥有三头六臂的哪吒。其实肖南自己在专访中也坦诚表达了单人完成"越狱"工作的不易。他曾表示,目前在国内专攻 iOS 领域"破解"和研发的人并不太多,自己在"越狱"的道路上也感到孤独,希望今后能有更多的同伴将研发热情投入 iOS 领域之内。

在研发"越狱"工具时,速度和效率也是十分重要的。除了已经提到过的被苹果官方封堵漏洞的风险外,"越狱"过程中还有同行之间"撞车"的风险。因此"越狱"社区内有一个默契,那就是一旦有人首发了 iOS 某个版本的"越狱"工具,其他团队就不会发布同版本的"越狱"工具。这其实可以被视为现代黑客群体高度组织化、社区化的表现——他们在自己的小圈子内依靠一些非制度化的"习俗"实现自治,从而保证整个黑客群体的秩序。

在中国,除了"盘古"团队和"太极"团队以外,阿里、腾讯、360等大公司也设有小规模的 iOS 漏洞研究团队。其中较为著名的是 360 的"涅槃"团队，但他们主要研究漏洞并服务于主营业务，在特定情况下也会进行一些"越狱"相关的研究，但与"盘古"团队和"太极"团队所不同的是，他们一般不会推出"越狱"工具。另外，安全研究团队 Keen Team 于 2015 年前后也宣布加入"越狱"工具开发队伍。但据业内人士所说，上述所有团队的人员加起来可能不足 50 人。这与"越狱"界的普遍衰退有很大的关系——近年来苹果公司在不断警告消费者"越狱"风险的同时也在向"越狱"者学习，就连库克也不得不承认，iOS 在"越狱"者的推动下正变得日益完善，并且增加了很多以往只有"越狱"后才能拥有的功能。

换句话说，如果"果粉"们继续选择"越狱"，那么他们即将面临的是安全、隐私等方面的一系列潜在风险和微乎其微的收益，这也让不少以往的"越狱"爱好者望而却步。同时，一个多次被提到的问题是，"越狱"的难度确实已经让很多黑客难以承受。与当今世界科技巨头苹果公司轮番上演"猫和老鼠"游戏的"越狱"者们近年来大多败下阵来，剩下的这一小部分甚至被业界称为"顶级黑客"。但无论怎样，自由是"越狱"者们永恒的话题。纵然肖南把"越狱"的历程描述为"刚刚爬出一个坑，还没有站起来，接着又跌进一个更大更深的坑里"，也总有一小部分人没有放弃。只要 iOS 这堵高墙依然存在，"越狱"所代表的自由之火便不会熄灭。

对威锋网论坛的个案研究

本节我们将通过一项个案研究来更为具体地了解中国"越狱"技术爱好者们的心路历程。我们选择的考察对象是威锋网论坛。这个论坛诞生于2007年1月10日（第一代iPhone发布的第二天），是目前中国最具人气的中文苹果产品社区，也是全球最大的iPhone网上社区。

虽然这个论坛没有为"越狱"专门设立板块，但是从技术到内容的有关"越狱"的讨论大量散布在诸多板块之中，并且用户可以通过论坛搜索较为方便地获得相关信息。为此，我们通过论坛搜索和深度访谈的方式，获取论坛会员对"越狱"行为的认知，并尝试为他们画像。我们认为，由于威锋网论坛在规模、活跃程度及权威度上的优越性，这里的调查结果可以大体反映中国主流"越狱"爱好者们的日常活动状况。

为了从最广泛层面获知有关"越狱"群体的整体状况，我们首先采取了论坛搜索方式。具体的研究方法：在2020年8月下旬的某一天，于威锋网论坛中以"越狱"为关键词执行全站范围的按标题搜索，随后在返回的结果中按回复多寡顺序采集帖子；在此基础上，剔除主题为通告、广告、无意义吐槽及内容重复的帖子，最后列出前150条有研究价值的主题帖（本书附录）。表2-1仅展示前20条内容。

表 2-1　在威锋网论坛搜集到的有研究价值的主题帖
（以"越狱"为搜索关键词）①

帖子主题	发表时间	回复数量
【更新支持 9.3.5】【不需越狱】【破解 5s/5c 电信 4g】【iOS9.0~9.3.5】【仅无锁 1453 1533】	2015-11-27	5 470 条
『WEIP 技术组』Plugins & Extensions for 5s（5s 插件集）（马年如意）（更新地址已换）	2014-01-01	4 737 条
【支持 9.3.5】【不需越狱、不需卡贴】【5s/5c 1528/1526 刷 ipcc 破解移动 4g】【iOS9.0~iOS9.3.x】	2015-12-21	4 050 条
『IOS8 插件汇总』『3 月 5 日』『kuaidiall 数据库更新到 2 月阎王最新』	2014-01-07	4 026 条
【真正的完美】【越狱破解电信 4g】【ipcc、cydia 插件】【iOS9.33 iOS8】【仅无锁 5s/5c】	2015-01-10	4 017 条
【风靡全球之 VSCOCam】（iOS7&8 通杀）无需越狱 12 月最新更新 101 枚滤镜素材全解锁	2014-05-26	4 252 条
iOS10 越狱及相关插件等资源汇总（更新 iOS10.2 越狱）	2014-10-31	3 210 条
【已停止更新】A1530 1528 1490 1533 1529 1526 破解联通 4G 教程【亲测第 45 天】	2014-05-28	2 822 条
『WEIP 技术组』iOS7.1—iOS7.1.2 完美越狱教程，工具开发来自国人团队盘古	2014-07-02	2 226 条
2 月 4 号更新　来电视频真正完美 vwallpaper2 for ios7 更新，高清视频教程，包教包会，送来电视频	2014-01-07	1 643 条

---

① 本书表格中所列"帖子主题"的内容依照原帖。为保证版面简洁，此处仅列出统计表格前 20 条信息。完整内容请见本书附录。后同。

续表

帖子主题	发表时间	回复数量
WIN版降级工具完美教程,五步解决问题!!!(不用SHSH)	2015-07-02	1 606条
iOS12插件源分享,停止更新	2016-06-02	1 585条
【03—16更新 0.1.7-2 PerfectTime XS】修复cydia等其他app闪退的问题	2019-02-23	1 104条
致用iPhone的朋友!防丢攻略!!!	2014-04-06	1 103条
12月25日更新资源(全机型)关于Live Photo导入手机方法(6S/SP无需越狱,6P~4S越狱插件共享)	2015-10-02	947条
(更新完结,待机超3天)越狱=费电?说句公道话:恰恰相反!另附干掉邮件自动启动方法	2014-11-23	941条
为了广大越狱用户的安全,请尽快修改root密码(非常重要!)2015.6.24更新	2014-06-25	936条
【小白教程】附带分享源+插件+常见问题解答 使用Chimera完整越狱 从下载到使用 一步到位	2019-04-30	919条
1.21更新 电信4G/Band1破解一体化教程(IOS8.X适用)	2014-11-07	817条
【新年快乐】RootlessJB3:iOS12.0~12.1.2越狱工具+pre-patched插件	2019-02-05	810条

接着我们对以上帖子中的内容(包括主帖和跟帖,但不包括外链)进行归类分析,发现主要内容集中在"越狱"教程展示、"越狱"工具分享、"越狱"疑难交流等方面,具体情况可以用图2-6来表示。

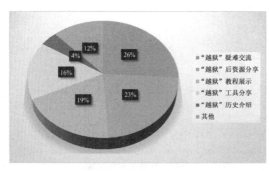

图2-6 威锋网论坛相关帖子主题分类

下一步，我们试图搞清楚威锋网论坛会员基于"越狱"这个主题项目所建构的身份层级。通过阅读上述帖子内容（包括主帖和跟帖），我们不难发现其中既有精于"越狱"技术的高手，又有空有热情的技术"小白"，甚至还有对"越狱"表达不屑和反感的会员。① 但是，除此之外，iPhone 用户中还有为数更多的不上威锋网论坛甚至根本不知道有这样一个网站的普通 iPhone 用户。换句话说，由于威锋网论坛本身是"苹果产品爱好者"（"果粉"）的"聚居地"，因此其已经先行将绝大部分"拥有 iPhone 却只用它进行最简单操作的人"排除在外了。所以综合上述情形，我们可以就威锋网论坛中"越狱"群体的构成做如下分析。

"越狱"群体可以大致分为以下三类。

第一类是极少数真正具有高端技术手段，能够找出 iOS 漏洞并开发出"越狱"工具的黑客，例如前文提到的霍兹、"树人"、"肌肉男"及国内的"盘古"团队、"太极"团队等。他们都是最具代表性的黑客，但是随着 iOS"越狱"难度的日益增加，其中一些陆陆续续选择了退出或是另谋出路②。此时，能实现"完美越狱"的队伍，其规模已经缩减到了极致，此时寻找漏洞、组合漏洞、实现"越狱"已经不仅仅是他们的理想，更成了他们的职业甚至是日常生活。

按美国学者埃弗雷特·罗杰斯的创新扩散理论，这些人可以被称为黑客圈和"越狱"社区里的"革新者"，用通俗一点的说法来讲，他们就是"黑客中的黑客"或"越狱"界的"明

---

① 因为威锋网论坛主要是以 iPhone 为主的苹果设备使用者论坛，而非单纯的"越狱"爱好者论坛，所以会有很多热爱苹果产品但并不喜欢"越狱"的会员参与有关"越狱"的讨论。

② 即便"盘古"团队、"太极"团队也没能逃脱这样的命运。前者对 iOS 的探索停留在了 iOS 9.3.3，后者则在 iOS 8.4 止步不前。

星"。借助创新扩散理论我们可以看到,"革新者"在新事物普及的线性结构中其实是相对独立且封闭的,他们与后期的"采纳者""追随者"等人并不存在必然的信息流动。因此,这些"越狱"界"明星"的创举或许会时常成为论坛里"果粉"们津津乐道的谈资,但他们本人基本不会出现在威锋网论坛这样的普通爱好者论坛中。

第二类是同样为数不多的论坛资深用户,包括管理员、版主、嘉宾等。按照创新扩散理论,他们可以被归为("越狱"技术的)"早期采用者"。他们经常会在论坛发布"越狱"体验、步骤教程、资源整理之类的精华信息,并负责答疑解惑。他们的专业和职业背景一般与网络计算机相关,否则他们就只是业余的狂热爱好者。不能忽视的一点是,这一部分人虽然不能创造技术,但对技术的推广和扩散其实起到了至关重要的作用。罗杰斯对此一针见血地指出,最具有功效的传播途径无疑是大众传播与人际传播的结合,但显然大众传播的滞后性和严谨性让其无法从一开始就关注到"越狱"这一新生事物,那么这些"早期采纳者"在论坛、社交媒体乃至日常生活中作为"越狱"族群与普通用户之间的衔接点或者说是"意见领袖",以最为原始的口口相传这一人际传播方式实现了将相关信息向更多人传递,从而造就了"越狱"的繁荣。

第三类是人数众多的普通会员。这批人对"越狱"行为充满兴趣并愿意进行尝试,但其可以借助创新扩散理论被划分为两层。第一层是"早期众多跟进者",他们更多是出于对技术探索的兴趣而学习"越狱",并有可能随着经验的积累朝"早期采用者"方向转化;第二层是"后期众多跟进者",他们技术有限,尝试"越狱"主要是为了利益目的(比如可以免费安装盗版 App 等)。同时,这两类人在罗杰斯看来是"影响流"的重要传递者,他们以探索或者跟进的方式感受到了"越狱"

> 不能忽视的一点是,这一部分人虽然不能创造技术,但对技术的推广和扩散其实起到了至关重要的作用。

带来的乐趣和自由，并将这些由"越狱"带来的快感以一种个人感受的形式传递给更多的普通"非越狱果粉"甚至普通用户。这种个人感受式的传达更具有情感渲染力，也更能影响所谓的"滞后者"。只是，威锋网论坛并不是单纯的"越狱"论坛，同样有为数众多的"非越狱果粉"置身其中，并经常与"越狱果粉"展开争论。但这些"非越狱果粉"既然能够参与论坛活动，就已将自己与更为广大的普通苹果用户区分开来了。以上人群的总体分布状况如图2-7所示（并不代表严格比例）。

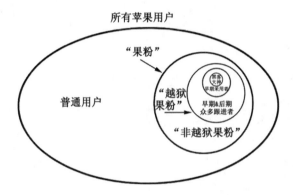

图2-7 威锋网"越狱"群体层级描述

在对威锋网论坛会员状况有了初步了解之后，我们随之想搞清楚的一个问题就是"越狱"爱好者们对 iPhone 进行"越狱"主要是为了什么。"非越狱果粉"与"越狱果粉"的多次交锋为我们提供了这两者行为分野的符号标签。在"非越狱果粉"看来，"越狱"行为非但没有必要，而且技术烦琐，暗藏危险。为了知悉"非越狱果粉"对于"越狱"风险的认识，抑或一些"越狱"爱好者对于"越狱"所存在风险的介绍，我们沿用前面的方法，在同一时间以"越狱风险"为关键词执行搜索，并按照回复多寡顺序采集了150条结果（本书附录）。表2-2仅展示前20条内容。

表 2-2　在威锋网论坛搜集到的有研究价值的主题帖
（以"越狱风险"为搜索关键词）

帖子标题	发表日期	回复数
越狱＝费电？说句公道话：恰恰相反！另附干掉邮件自动启动方法	2014-11-23	941条
『WEIP技术组』关于iOS7越狱后状态栏不正常的问题的处理	2014-02-19	696条
9.27威锋首发 ID激活锁牵扯出来个人安全性问题 深度解析各种骗术 广大锋友谨防上当！	2015-09-28	475条
警告：不要越狱！后果真的很严重！后续。。	2015-07-04	343条
非AppStore下载的软件安全吗，给你答案	2015-02-05	274条
【再见】对于越狱我想说一下，滚蛋吧越狱！！！！	2015-09-07	210条
看到最近这么多人id被盗，过来人给点解决方案，希望能帮到需要帮助的人	2016-03-06	193条
疑似越狱后手机确实有后门，理由进来看	2015-07-06	184条
更新：7.04全景相机有严重bug，已经确定为普遍问题，大家可以试一下	2014-01-02	164条
终于找到8.3 8.4耗电问题，分享一下！	2015-07-04	180条
彻底完美解决 天气计算器 浏览器 邮件闪退.	2014-01-04	159条
关于越狱，我们感谢盘古，但是我们也有权利追求完美.	2016-07-26	156条
4S——IOS8.0.2真实体验！	2014-09-27	143条
（钱已找回）我已入狱，封釉们，注意自己的隐私（赤果果的教育－别说我怪越狱	2015-09-06	137条
10.2越狱必须要注意的几个危险地方！	2017-01-27	129条
曝光。我被这个害人贴坑死了，千万别试！已经手贱的我给你解决办法。	2016-10-19	119条

续表

帖子主题	发表时间	回复数量
尽所能帮忙解决 iPhone 各种问题	2014-12-20	119 条
再次提醒！6.1.4 的封釉们千万不要安装 FLEX 2 中文云端！只是诫告 614 这里没有喷 FLEX2！！	2014-01-05	116 条
关于锋友升级 iOS7.1 感言（311 新添 iOS7.0.6 部分测试视频）	2014-03-11	115 条
关于大家关心的 163 信箱做 Apple ID 账户的一些建议想法！（126 和 yeah 也需要特别注意）	2015-12-16	115 条

通过对这 150 条内容的分析，我们发现抵制"越狱"的主要观点有以下几种：

（1）苹果原生的 iOS 已经足够好，"叠床架屋"完全没有必要。

（2）"越狱"有可能打乱苹果 iOS 的生态系统，甚至使交互界面"面目全非"。

（3）App Store 里的免费和低价应用已经足够满足需求，因此无须盗版。

（4）"越狱"容易让设备"变砖"（论坛俚语，指由于"越狱"失败而导致手机出现无法开机、"白苹果"、"无限菊花"等异常状态，拿在手里只能当砖头用），而且失去保修服务。

（5）"越狱"成功后系统不再密闭，有可能被黑客植入病毒和木马，从而导致隐私泄露等问题。

接下来，我们再以"越狱调查"为关键词进行搜索，并同样按回复多寡顺序采集了 150 条内容（本书附录）。表 2-3 仅展示前 20 条内容。

表 2-3　在威锋网论坛搜集到的有研究价值的主题帖

（以"越狱调查"为搜索关键词）

帖子主题	发表时间	回复数量
『WEIP 技术组』　iOS 8 越狱帖（8.0.X－8.1.X 更新完毕）	2014-10-23	1 662 条
（更新完结，待机超 3 天）越狱＝费电？说句公道话：恰恰相反！另附干掉邮件自动启动方法	2014-11-23	941 条
（7月27号更新）9.2－9.3.3 越狱需知与问题解答附带解决方案	2016-07-25	598 条
【WEI 新闻组】调查：没有越狱，你是否毅然决然地升级 7.1？	2014-03-12	359 条
区别新版 Activator 和 virtual home，用事实说话：越狱后耗电量测试！测试完结！！！	2014-01-02	282 条
闲聊几句 iPhone 越狱的好处	2016-12-14	262 条
急急急，越狱过一次就不能被保修？	2014-08-13	243 条
IOS8.1越狱后，到底有没有一款完美的手势插件？	2014-11-21	172 条
调查一下坚定留守 iOS 8.1 越狱的朋友有多少？	2014-11-18	138 条
IOS8 越狱秒发，你会越狱吗，快来调查看看	2014-10-22	131 条
请说出你越狱的理由！越狱为了什么？	2014-06-19	129 条
越狱耗电排查	2020-02-17	127 条
调查一下你们的 5S 越狱了没	2014-01-05	124 条
所有参与越狱或者想越狱的同学进来关系到未来 IOS7.1 到 IOS8 越狱，不开玩笑	2014-05-18	124 条
做个调查，越狱年龄段	2014-06-23	100 条
看看越狱的多还是不越狱的多～做个小调查！	2014-01-25	97 条
4S 7.1.1 越狱成功与失败，请来投票	2014-06-25	96 条

续表

帖子主题	发表时间	回复数量
8.4越狱发热调查	2015-07-03	94条
iOS9.2~9.3.3,越还是不越?给您带来全方位分析	2016-07-26	91条
越狱,你真的需要吗	2014-01-06	91条

通过对以上帖子的分析整理,我们汇总了多项"越狱"爱好者们选择对 iPhone 进行"越狱"的原因。由于这里的数量多寡并不存在比例关系,不适合用饼图展示,因此我们用词云图表达,如图 2-8 所示(字体越大表示认同程度越高)。

图 2-8 "越狱"目的词云统计图

基于以上的分析研究和访谈调查,我们可以对以威锋网论坛中的"越狱"爱好者为代表的"越狱"群体做出以下文化认知上的判断:

从基本指标层面看,这一群体以 15~35 岁的男性为主,既有学生,也有在职人员。对技术(及技术带来的利益)的热爱是维系他们情感的最主要链条。在交往方式上,他们通过网络、论坛的虚拟交往占据主导地位。由于技术(或财力)门槛的存在,这一群体在青少年人群中的总体比例较低。通过对威

> 从基本指标层面看,这一群体以15~35岁的男性为主,既有学生,也有在职人员。对技术(及技术带来的利益)的热爱是维系他们情感的最主要链条。

锋网论坛的深入调查，我们发现"越狱"者基本人口学指标中其实一直存在一个矛盾。从硬件准备阶段来看，苹果手机对国内绝大部分家庭来说依然是一个价值不菲的商品。在苹果手机售价连年看涨的当下，购买苹果手机的行为甚至会被上年纪的人定义为一种"炫耀性消费"；但由于时间、精力这些软性条件的限制，"越狱"爱好者中大部分是收入偏低、收入不稳定甚至没有收入的青年，他们主要依靠家庭提供的资源实现自我爱好、自我需求的满足。因此，不难看出"越狱"爱好者这一群体的消费水平和收入水平其实并不成正比。提奇诺等人的"知沟理论"也告诉我们，社会经济地位较高的阶层在各种知识的获取上更具优势。"越狱"这种走在科技前沿并且需要软硬件支持的技术其实很难被处于社会底层的人轻易获取，"越狱"在某种程度上也成为一种以中产阶级为主导的科技消费和文化现象。

从吸引力层面看，iPhone"越狱"后可以免费下载原本需要收费的游戏、软件这一特点，是吸引绝大部分青年人投身此道的首要原因。同时，"越狱"这项技术本身所特有的无中心、多向度、反抗性、进步性等特点天然地契合了当下青年人对自由的定义和期许。换句话说，免费对于青年人固然重要，但通过"越狱"，青年人能自如掌控手中的 iPhone、随意下载自己喜欢的软件、选择自己所心仪的桌面布置而不必遭受苹果公司的任何限制，这种"越狱"带来的自由感更是青年人所向往的。另外，与"越狱"的接触使得他们或多或少掌握了普通用户根本想象不到的知识与技能。这些"越狱"爱好者在线下自我钻研技术细节，在论坛上寻找兴趣相投的爱好者不断交流自己的心得及在"越狱"过程中可能遇到的问题，逐渐形成了以"越狱"爱好为核心的趣缘文化圈层，其中典型的代表就是"果粉"聚集的威锋网论坛。我们以"越狱"为关键词进行交流帖搜索，在威锋网论坛中可以看到上百万的搜索结果。并且由于"越狱"的技术性、壁垒性极强，这一趣缘文化圈层无形中也产生了这一群体所特有的用于彼此确立身份、信任和尊重感的指标，比如"越狱"技能的熟练程度、能否解决在"越狱"中可能遇到的问题等。

从文化层面看，正如传播学学者英尼斯所言，任何媒介技术都存在偏向性，不是偏向时间就是偏向空间。由此我们可以延伸出的是，"技术中性论"并非绝对的真理，或者说"技术中性"的适用范围是有一定局限性的，至少每项技术都存在某种意向结构，或者我们可以称之为技术的"文化偏向"。从这个意义上看，"越狱"这项能使我们在 iOS 这一闭源系统中解除枷锁甚至重新获得主动权的技术，其意向结构更多地指向了"Free"这一理念。"Free"理念其实是人性的一种呈现方式，因而具有极强的感染力。它不仅符合那些处于技术金字塔塔尖的黑客们所共同奉行的"利维原则"，同时也是"越狱"爱好者、技术发烧友的共同追求。"越狱"这一技术由于其所具有的独特偏向性，实际上成为"越狱"爱好者群体与外部普通用户群体形成分野的最明显的符号。从话语结构来看，谁在开发"越狱"程序、用什么样的技术方式、什么是"完美越狱"、如何"完美越狱"、"越狱"之后有什么福利、出现问题了怎么解决等都成为这些"越狱"爱好者的独特谈资。就话语空间而言，发达的互联网更是为他们提供了交流与言说的"广场"。他们为此在以威锋网论坛为代表的科技论坛或以百度贴吧为代表的网络社区中单独开辟出"越狱"帖和"越狱"论坛，针对"越狱"话题滔滔不绝地诉说自己的技巧、经验与感受。而在这些讨论与分享当中，由技术及网络社区沟通衍生出的次级符号——比如"变砖""白苹果""无限菊花"等亚文化语词进一步构筑出"圈内"与"圈外"群体的交流隔阂。

> 从这个意义上看，"越狱"这项能使我们在 iOS 这一闭源系统中解除枷锁甚至重新获得主动权的技术，其意向结构更多地指向了"Free"这一理念。

本节主要就以威锋网论坛为代表的中国"越狱"族群的面貌进行基本勾勒。随着研究的深入，我们越来越发觉这一群体并非只具有简单的技术属性，而是在长期的互动交往中形成了独特的文化面貌。因此，我们不能仅仅停留在量化研究层面，还需要以更为接地气的深度访谈，与"越狱"爱好者进行一对一的实际交流，用这种方式来近距离感知他们的所知、所想。

"越狱"爱好者访谈录

为了深入了解"越狱"爱好者的基本特征及其选择"越狱"的动机和诉求，我们与三名威锋网论坛用户取得了联系，并在征得同意后对他们进行了深度访谈。

这三名用户的基本资料如下：

F：男性，现年 26 岁，某高校理科生，现为 IT 经理人，对"越狱"文化比较有研究和好感，但自己不太敢尝试。

Z：男性，现年 27 岁，某高校物理学专业博士研究生，对"越狱"技术有兴趣，也尝试过"越狱"活动。

Y：男性，现年 32 岁，某文化公司新媒体部主管。

首先是与 F 的单独对话。以下是经整理后的对话内容：

问：你是从什么时候开始用苹果手机的？此后一直用苹果手机吗？

F：具体时间我记不太清楚了。我的第一部苹果手机是 iPhone 4。当时周围人还用得不多。时间大致在 2011 年前后吧。从那以后我基本一直在用苹果手机，之后相继买了 iPhone 5、iPhone 6 Plus、iPhone X、iPhone 11。在用苹果手机之前除了用过一段时间诺基亚手机之外，没有再用过苹果品牌以外的手机。

问：那你对 iPhone 的感情应该很深了，可以称你为"果粉"吗？

F："果粉"的定义大致是什么呢？

问：其实"果粉"并没有严格意义上的说法和解释，大致可以理解为苹果品牌的爱好者，对苹果产品有着执着追求的一类消费者吧。

F：那我应该算是吧，因为我一直在用苹果手机，也有用苹果的平板电脑，对苹果的感情还是有一些的。有很多人说可以尝试一下安卓手机，之前三星 Galaxy S 系列还是蛮火的，但是我真的是用习惯了，对 iOS 操作系统比较熟悉，也用得比较顺手，不想再去折腾。公司因为工作关系发了一个华为手机，我也在用，但这不能算是我自己的吧。反正，如果苹果发售新手机，在自己资金充裕及手里的手机确实已经隔代的情况下，我就会考虑去更换自己的手机。总之就是对 iPhone 包括它操作系统的更新还蛮期待的。

问：那你是通过什么渠道知道"越狱"这项技术的？

F：有两个渠道吧。第一个就是周围朋友有"越狱"的。之前我并不知道这个名词是用在 iPhone 上的。第二个渠道就是有一阵满大街手机维修店都挂出了苹果手机包"越狱"的招牌。这可能成了他们的一项业务。

问：第一次"越狱"是在什么时候？用什么方法"越狱"的？

F：第一次"越狱"是在 2012 年左右，反正我记得很清楚，当时用的 iPhone 4。那时听说通过一些电脑软件或者手机助手就能实现"越狱"，但是我总归感觉不太靠谱，毕竟苹果手机当时也不便宜，我怕自己操作会出问题，于是就拿到手机维修店里去"越狱"。费用大概是50块吧。其实我现在才知道让他们操作跟自己"越狱"区别不大。

问：当时是出于什么目的选择"越狱"的呢？

F：当时我周围几个朋友都在玩一些游戏，具体名字我不记得了，但是我发现有些游戏在iPhone上是付费才能下载的。在这种情况下等"限免"就不知道等到啥时候了。还有一些游戏在iPhone的应用商店里是搜索不到的。朋友提醒我"越狱"一下就能一起玩游戏了。这个可能是我当时"越狱"最主要的目的。

问：那你自己当时对"越狱"了解多少，是否知道"越狱"之后的风险？

F：自己了解得并不多。我在"越狱"之前上网查了一下"越狱"有什么风险。头一条就是手机"越狱"之后苹果售后就不保修了。就因为这个原因，当时我还纠结了很久，毕竟当时大家都知道苹果手机维修是特别贵的。如果不是因为这个原因，很有可能我会在更早一些的时候就选择"越狱"。另外一些风险就是隐私泄露什么的。这些风险我其实没考虑太多，因为当时对它们没概念，也觉得自己没什么隐私可泄露。

问："越狱"之后你再去使用手机感觉和"越狱"前有何不同？能不能举几个例子？

F：首先就是以前不能玩的游戏能玩了，不能下载的游戏能下载了，需要收费的软件也能免费下载了。我当时感觉这还是很爽的，因为苹果商店里有些软件确实太贵了,有钱也不会选择花在这个上面。其次就是感觉更自由了,以前不能做的事情现在可以做了,比如说界面自己可以任意去改变。我印象最深刻的就是可以把左上角的运营商名称改了。大家都把中国移动改成"中国移不动",把中国联通改成"中国联不通"。这就是"越狱"之后的标志之一。你根本不用解锁,大家一看就知道你"越狱"没有。再次就是铃声。现在大家都用惯了苹果自带的铃声,但是当时苹果的来电铃声我觉得太单调了,还是希望调成自己喜欢的歌曲。没"越狱"之前我看了很多教程,试了很多次都不行,"越狱"之后就无压力了。当时感觉蛮有趣的。

问:有没有选择在威锋网论坛或者其他平台分享自己关于"越狱"的心得体会?

F:这个还真没有。我最多是去看看,因为我觉得不管是威锋网论坛,还是"越狱"主题相关的贴吧,上面的人都太厉害了,都是"大牛",跟他们比,我就是个"小白",我没什么发言资格。而且即便我去发言,因为级别比较低,也不会有人理我,所以我一般还是以浏览为主。不过谈到这一点,我个人觉得威锋网论坛挺友好的,因为即便你不注册也可以浏览很多东西,也就是它的私密性没那么高。而在有些论坛上,你不注册就不能看,或者即便你注册了,有些板块还是进不去。

问:那你会定期去看上面的内容,了解并学习一下"越狱"相关的经验和技巧吗?

F:肯定会看。上面很多人分享的技巧或者小插件之类的还是很有意思的,能让手机更好用。没"越狱"的人去看的话是看不懂的，即便看懂了也无法在未"越狱"的手机上操作。这一点还是很不一样的。但我并不是很有规律地看，更多的时候是在自己手机出什么问题且解决不了的时候，才会上去看一下，比如当手机在"越狱"之后有掉电快、信号不稳定或者经常死机的情况时，我会在论坛里搜一下相关的主题帖子，确认一下这个问题能不能解决或者是不是"越狱"之后的正常情况。到后来"越狱"就不用去手机维修店里搞了，自己根据上面的教程就能完成。一开始"越狱"很难，后来"越狱"工具越来越简化。现在的"一键越狱"操作已经很方便了。

其次是与 Z 的单独对话。以下是经整理后的对话内容：

问：你是怎么成为"果粉"的，什么时候在威锋网论坛注册的？

Z：初中的时候就玩过 iPod。家里条件还可以，后来 iTouch、iPhone、iPad 还有 MacBook 笔记本什么的我都买了。我是 2010 年在威锋网论坛注册的。

问：你在威锋网论坛主要关注什么。你属于贡献更多还是索取更多的用户？

Z：我主要是学习技术吧，如解锁、卡贴、刷机、"越狱"什么的，然后试用各种 App，当然也包括很多非技术的资源（壁纸、游戏、高清视频）共享。我总体来看，算索取大于贡献吧，和那些"大神"不能比。

问：你"越狱"最主要的目的是什么？

Z：这里有一个转变过程。最早"越狱"是为了能免费装各种游戏和软件,后来养成了习惯,觉得不"越狱"好像就少了点什么。即便只是为了体验一下新的"越狱"工具也要试试。

问:但是"越狱"也让你尝到过苦头?

Z:有啊,无限"白菊花"、"变砖"什么的。遇到这样的问题我就求助、查教程、尝试 DFU 刷机,慢慢地总会解决。

问:你周围的苹果用户中"越狱"的多吗?

Z:不多,男生有几个,女生几乎看不到,老师们更加不懂了。你说"越狱",他们可能以为是那部美剧呢。(笑)

问:但是他们好像用得也挺舒服?

Z:这个怎么说呢,养在笼子里的鸟看上去也挺舒服的。我觉得他们没有感觉不便,主要是因为他们使用到的功能太少了,或者有些功能他们压根儿就不知道。

问:请你举个例子。

Z:比如 Stash Pro 这个 App。你传一个苹果不支持的视频进去,但它无法导入,而且你也无法通过系统删除,这样这个视频就白白耗掉了你一块空间。如果你"越狱"了,你就可以进入 iPhone 的底层文件系统,找到 Stash Pro 文件夹下的这个文件删除。

问:但是那些普通使用者可能连 Stash Pro 这样的 App 也不知道,所以也就没有这方面的烦恼。

Z:是的,我身边有些人连 App Store 都不上,有的人连 Airdrop 也不知道。我真不明白他们买苹果的东西干吗。

问:以你对威锋网论坛的观察,"越狱"爱好者主要的追求是什么？

Z：肯定是以追求免费为主。比例不好说，但80%应该是保守的。剩下有些人是为了学习技术或者体验情怀，即所谓"为越狱而越狱"。

问：你上威锋网论坛的频率大概是怎样的？你了解论坛用户年龄、性别、学历方面的统计数字吗？

Z：我基本每天都上，有的时候会泡很久（打嘴仗）。你说的统计数字可能没有吧。网站虽然有注册数据，但这不一定是真的，一些会员发的调查统计帖子也不一定权威。以我的感觉，年龄以15～35岁为主吧，太小的不懂，超过35岁的很少，而且一般都是技术精英。在性别上我敢保证99%的人是男的，因为女的发帖绝大部分都写"小妹真心求教……"什么的，而这种太少了。（笑）

问："对越狱"的热爱程度与年龄有关吗？

Z：有点关系，我读高中和大学的时候兴趣最浓，现在因为忙着写论文，对有些事情就无法投入时间了。等工作以后，时间就会更少了。

问：为什么你更喜欢在论坛上求助找资料，而不是通过百度搜索、百度知道之类的工具？

Z：不一样啊。论坛里都是这方面的爱好者，而且很多人同时在线。大家虽然没见过面，但对彼此的ID都很熟了。我一看就知道对方是什么水平，能不能帮到我。百度那些工具的效率很低，而且冷冰冰的。你都不知道是和谁在对话。

问：同样是会员，对技术了解和热爱程度的不同会不会影响到你对他们的好感？

Z：肯定会。有共同语言容易增进关系吧。我对那些只会发炫富开箱帖（买了多少苹果产品），遇到基本操作就搁浅的"小白"是很鄙视的。

问：是不是可以这样认为，如果不通过论坛而只是通过百度找资料，"越狱"技术进步的速度就会比较慢？

Z：那是肯定的。虽然论坛里有好多精华资料都对外公开（百度搜得到，游客也可以下载），但是你自己有个ID就会觉得你是这个社区的一员。然后当你想求助的时候，别人也会根据你过去的贡献衡量自己的热情程度。关于这一点，你级别越高越有体会。只通过百度找资料研究技术，总有种孤零零的感觉。

问：会员之间的互帮互助多吗？

Z：很多啊，比如谁缺一个老版本文件，只要发个帖就有人传给你。你贡献越多，别人也就越尊敬你，更愿意帮助你。有的时候这种友谊可以发展到线下，比如论坛就经常搞会员线下见面会。大家都是"锋友"嘛。如果我的几个论坛好友来我学校，那我一定好好招待。

问：他们在论坛的"虚拟身份"足够让你在现实中产生信任？

Z：当然啦，大家都是交往了好几年的。

问：你对论坛有什么不满意或希望改进的地方呢？

Z：有时水帖太多，都是些"土豪"在晒订单、晒开箱。然后，有很多人不先检索下就胡乱发问，问的都是些很幼稚的问题。我一直觉得每个版应该有一个严肃讨论技术的区域，和那些喧闹的水帖区别开来。

问：听说过"黑客"这个词吗？你觉得真正对"越狱"技术感兴趣的能不能算黑客？

Z：当然听说过。那些都是技术"大咖"，比如"太极""盘古"等"破解"团队里的精英，当然"老外"更多。我们这些在论坛里根据工具和教程摸索的，我觉得还算不上吧。

问：其实黑客也有成长过程。朝着相关技术钻研方向努力的人就是黑客的雏形。

Z：好吧，同意。

最后，我们邀请了Z与Y进行在线交叉对话，希望通过这样的互动方式，进一步深化对"越狱"爱好者们所思所想的认知。与前面主要集中在认知层面的访谈不同，此处访谈主要基于文化层面展开。以下是经过整理的访谈内容：

问：你们都是"越狱"爱好者，请谈谈这么做主要的出发点是什么？

Z：有关"越狱"，我之前已经谈过，有一个从"免费装软件"到"体验软件技术"的转变。

Y：我最开始是为了免费装软件而"越狱"的，用的是"一键越狱"工具。最近不怎么"越狱"了，因为装了"XX助手"这样的应用，不"越狱"也可以免费装软件。

问：你们在论坛能感受到不同于外界现实的文化群体力量吗？如果有，这种力量对你们产生了怎样的影响？

Z：我把论坛视为精神家园。有时候我上论坛不是为了下什么东西，而是为了看一下几个相识多年的

"锋友"（但有的未曾谋面）又发了什么帖子，去给他们点个赞，加个分什么的。我觉得大部分会员都是认同技术力量的，并且也不觉得它的强大有什么不好。

Y：我其实是个"小虾米"，以潜水为主，在某种程度上正是被批评的"伸手党"。但是我很感谢那些技术"大神"及制作资源帖的"牛人"。我虽然很少和他们对话，但是能够感受到他们这样的群体彼此间很亲密。我在多次下载资源的历练中，也学会了使用网盘，甚至看教程学会了如何下载被迅雷屏蔽的资源，技术水平也提高了。

问：依你们所见，"越狱"爱好者是更愿意根据教程一步一步探索整个"越狱"进程呢，还是直接连上"小白"都会的"一键越狱"工具了事？

Z：我相信肯定是后者居多。而且"一键越狱"并不是最近才出现的"懒人办法"，它几乎从一开始就有，比如著名的 JailbreakMe 就是如此。用它"越狱"的过程就是打开 iPhone、iPad 的浏览器访问相应的网站，然后在它的首页点一下同名的按钮。稍等片刻"越狱"就完成了。通过这样的"越狱"，用户得到的只是结果，而对过程几乎一无所知。真正的"越狱"爱好者肯定不满足于此，比如我就会对新的"越狱"工具通过怎样的方式（利用了哪个层面的漏洞）完成"越狱"感兴趣，会找一些资料来研究。

Y：我就是 Z 所说的"小白"型"越狱"者吧。我确实不懂技术代码。就算你给我看资料，我也不明白。但是我想说，像我这样的"越狱"者肯定比 Z 这样的多。相对"越狱"软件而言，我这样的用户更像是标准意义上的消费者。我除了接受，提不出任何意见和建议。

问：你们是否认同会员对"越狱"技术、文化越了解，他们在这个文化群体中所具备的威望也就越高？

Z：越了解"越狱"技术、文化的会员，也就越可能为其他人提供更多帮助，当然也就越能得到其他人的尊敬。如果这可以算成文化威望的话，那么我同意。

Y：我也同意。但是威望的高低是否一定和对"越狱"技术、文化的了解程度成正比？有的人很了解，但是对论坛、其他会员贡献不大，是不是该算成威望比较低的人？我曾经在论坛中向一些"大牛"发问求助，但是得不到回应，反倒是一些普通会员给了我更多帮助。

问：如果把"越狱"爱好者视为一种文化群体，那么你们觉得群体最大的追求是什么？

Z：首先应该是对"越狱"技术的爱好吧，希望能够比较自由地探索、交流这些技术，而不要受到遏制和禁止。

Y：我倒想问问，一定要把"越狱"爱好者视为一种文化群体吗？甚至说，一定要描述成一个群体吗？我觉得群体关系好像应该更加紧密，但是论坛上很多人来去自如啊，除了 ID 外，彼此并不认识。可能像 Z 这样的老会员会有所不同，但是对我来说，我应该是游离于这些作为核心的老会员圈子之外的。我确实也经常访问论坛，但说实话贡献不多，几乎是以索取为主。所以把我也算在这样的文化群体中，我不知道是否合适。

问:也就是说可能有这样的问题存在,"越狱"文化所团结到的成员,未必都是对"越狱"技术这样的核心价值观感兴趣的?

Z:如果仅以论坛而言,我觉得是如此。真正喜欢研究技术的只是少数人。论坛里还有很多并不关心"越狱"的人。

Y:这也正是我想说的。一个文化群体需要生长在非常纯粹的环境里吗?如果是这样,那么应该有一个"iPhone越狱论坛"或者"苹果产品越狱论坛"存在。但是就威锋网论坛而言,它至少存在两个问题。第一,整个论坛除了"越狱"爱好者以外,还有大量非"越狱"爱好者,比如有的"土豪"就是来这里晒自己的苹果装备的。这些人别说"越狱",可能连普通的操作技术都未必有多好。第二,在"越狱"爱好者群体中,像Z这样对技术比较懂而且真正喜爱的真的是少数,而像我这样为了求取"越狱"工具和资源来逛论坛,内心明白自己不会在这门技术上深入钻研的人才是多数。

问:威锋网论坛与中国顶尖的"越狱"团队,比如"太极""盘古"这样的,有着怎样的联系呢?我的意思是,后者是否把论坛视为一个拥有很多粉丝及潜在消费者的重要场所来对待,比如不时来一些在线互动什么的?

Z:这个好像没有。那些真正的"大神"会在他们自己的圈子里讨论吧,或者去国外的技术论坛上讨论。威锋网论坛的用户我觉得还是以普通人为主,虽然也有一些技术人员泡在里面,但很难形成真正意义上的高深技术讨论。

Y：是不是我这样的"伸手党"比较多，拉低了威锋网论坛的上限？但是威锋网论坛也并不是纯粹的"越狱"技术讨论论坛啊。就像我，除了"越狱"之外，我也关注其他内容，比如高清资源分享什么的。我觉得这些比较俗的东西，那些"大神"们不会放在眼里吧。

问：你们都谈到了"越狱"的人正在变少。

Z：是的，这个情况不限于 iPhone 用户，还发生在 iPad、iTouch 用户中。绝大部分人进行"越狱"更注重结果。这造成"一键越狱"工具的流行，导致很多人不再愿意去了解"越狱"技术——我的意思不是说非要学会这样的技术，而是起码要去了解和欣赏某种"越狱"技术的思路和成效。但是现在发生了一些新情况。首先是 iOS 自身在不断优化。这种优化导致一些人发现不"越狱"也能很好地使用 iPhone。典型的例子就是安装第三方输入法。之前有很多人就是为了装第三方输入法（如百度、搜狗）而"越狱"的。在 iOS 允许这样做以后，与此相关的"越狱"动机就消失了。

Y：还有一点就是像"XX 助手"这样的软件的出现。我不知道它是怎么做到的，但是装了它之后，没"越狱"的 iPhone 也可以免费装各种正版应用。而且与进行"越狱"及使用 Cydia 相比，装个"XX 助手"可谓轻而易举，其界面又非常合乎国人口味，这样就大大减少了潜在的"越狱"需求。

通过本章的分析，我们对中国"越狱"技术文化环境有了一定的了解。纵观第一、二章，在"越狱"作为一种技术行动的背后,我们其实能够看出一道明显的"文化主张"。也就是说,进行iPhone"越狱"不仅是为了技术意义本身,也是为了实践一些文化意义。可能并不是每一个亲身投入iPhone"越狱"行动的人都能够意识到这一点,但是那些站在"越狱"社区顶部的黑客精英,也许会更加清晰地感受到这一点。

与Y这样的基本为了获取更多资源而"越狱"的"小白"相比,那些处于技术金字塔顶部的黑客们已经富足到不会被这些资源吸引了。对这些人来说,"越狱"可能就是因为觉得好玩,而且这种"好玩"不仅仅体现在"以技术优势成功戏弄了苹果公司的程序员",更体现在感受到了一种"文化逆反""文化对抗"的胜利感。在这个意义上,"越狱"社区就不单纯是一种技术社区了,它可以被视为一个亚文化社区。这样的社区有它非常明确的亚文化主张。无论是前文提到的"利维原则"、李婷归结的新时代黑客风格,还是杰·弗里曼的名言汇总,它们都可以被归纳出一些与主文化信念不完全相同的模式来。本书下一章就将讨论这方面的问题。

"越狱"一族是技术趣缘亚文化群体。他们以"越狱"行为向苹果公司表达对iPhone进行功能限制的抗议,也就此形成独特的文化资本。群体的壮大催生出亚文化产业,这在总体上仍然对苹果公司构成利好。

"越狱",一种亚文化

亚文化（Sub-culture）是一个社会学领域的学术概念。它与主文化（Main-culture）相对，一般指一个社会中处于边缘、弱势、观念独特、人数相对稀少的文化形式。青年是亚文化群体的主要构成力量。虽然对青年的年龄界定存在多种不同划分①，但人们一般都承认青年介于少年和中年两个年龄段之间，涵盖未成年与成年群体。

根据前文特别是上一章对中国 iPhone 技术文化社群所做的调查分析，我们可以大致认为 iPhone "越狱"群体由一批年龄在 15～35 岁的青年人组成，并且男性占据绝对优势。这个年龄段与"青年"的年龄界定基本一致，所以我们从这一点出发，将 iPhone "越狱"群体视为一个网络青年亚文化群体。相应地，iPhone "越狱"文化也就可以被看作一个网络青年亚文化。

我们之所以这么做，是想在确立这一前提之后，引入对青年亚文化的学术研究架构来分析 iPhone "越狱"群体，以便在前文表述更偏重表层现象或技术逻辑的基础上，尝试探究和挖掘"越狱"这一技术行为背后可能存在的文化意义。

但是，很显然，我们并不能简单地用既有的亚文化理论框架来对 iPhone "越狱"群体进行生搬硬套。这是因为：

首先，iPhone "越狱"群体并不是一个内部团结一致、外部边界分明、整体共性明显的存在。即便只观察梳理也可以明白，这里至少存在着黑客精英与技术爱好／追随者两大阵营，而他们之间并不存在太多实质意义上的互动，后者对前者更多是像粉丝追逐明星那样崇敬、膜拜，而前者也只是欣慰于后者的存在，并不总是对后者起到团结和引领的作用。

---

① 例如，《中国共产主义青年团章程》将青年的年龄界定为 14～28 周岁，国家统计局将青年的年龄界定为 15～34 周岁，联合国教科文组织则将青年的年龄界定为 16～45 周岁。

其次,"青年亚文化"概念本身自出现以来也不是一成不变的,而是随着时代的发展(特别是进入网络时代后)发生了比较大的变化。一些学者对它的定义甚至包含着矛盾与冲突。这意味着,倘若要用青年亚文化理论来描述 iPhone"越狱"群体,就需要非常谨慎和细致,否则容易出现"理论先行""根据框架填内容"的错误研究方式。

但是,即便存在上述种种问题,我们仍然认为用青年亚文化理论来描述 iPhone"越狱"群体具有很强的实用性。这是因为最近几十年以来,随着这一理论自身的发展,很多更为匹配网络时代技术文化特征的研究方法和概念出现了。通过这些方法和概念,我们能够把看似游离的"越狱"文化很好地锚定,并做一个文化解剖。总体来看,我们至少可以从以下几方面入手:

(1)从亚文化与主文化的常规博弈角度,分析 iPhone"越狱"特别是为了"自由"这一意义的"越狱"所具有的文化内涵。

(2)从亚文化资本角度,分析"越狱"社区内部从顶级黑客到入门"小白"各自具有哪些"资本",这些"资本"具体如何生成和交换,以及在此过程中是如何产生文化意义的。

(3)从亚文化产业角度,分析"越狱"社区在生产技术的同时与商业资本之间的微妙关系。在此,"与苹果公司作战"可能只是硬币的一面,另一面则可能包括与其他商业资本之间进行关系更为紧密的互动合作。这样的活动会带来哪些后果,是否影响黑客文化精神,又将推动"越狱"社区朝向"自由"还是"免费"方向发展,这些都会是非常有研究价值的话题。

但是在开展这些研究之前,我们有必要先梳理一下"亚文化"或者"青年亚文化"这个概念是怎样起源和发展的,并回答一下 iPhone"越狱"行为是否适合被称作一种亚文化这个问题。

"越狱"群体的亚文化特征

西方学界对亚文化的研究至少可以追溯到20世纪20年代美国芝加哥大学社会学系罗伯特·帕克、阿尔伯特·科恩及霍华德·贝克尔等学者的研究。他们在深入研究了当时芝加哥城市的边缘青年群体后认为,边缘青年并非主流社会的对立面,他们采取破坏、扒窃、吸毒、斗殴等"越轨"行动只是在表达对无法向社会上层流动的不满。

不同于我们今天视野中的iPhone"越狱"群体,当时的"越轨"青年接触和使用媒介的概率很少,这主要是因为彼时电子媒介(如收音机、电视机)还属于稀缺产品,而报刊又要求较高的识字率。芝加哥学派学者霍华德·贝克尔就此在其著作《局外人:越轨的社会学研究》中提出了标签理论(Labeling Theory),提出当时的资本主义主流媒介利用这一点成功对"越轨"青年进行了污名化报道。"越轨"青年对此无力抗争,但是普遍拥有高媒介素养的iPhone"越狱"群体可不会这样。

20世纪60年代起,围绕英国伯明翰当代文化研究中心出现的伯明翰学派以明显的阶级研究视野和西方马克思主义思想统治了60~70年代的青年亚文化研究。在斯图亚特·霍尔的领导下,伯明翰学派致力挖掘工人阶级青年在娱乐休闲活动中蕴藏的对资产阶级进行文化反抗的特征,并在此基础上确立了基于阶级对立的主文化-亚文化理论分析构架。

这一构架的特点可以归纳成以下几点:
(1)抵抗虽然积极而广泛,但是其性质只是仪式性的。
(2)抵抗只限于在休闲领域中通过以"拼贴""同构""表意实践"等方式改造俚语、音乐、服装等风格符号来展现。

（3）抵抗的结局必然是亚文化接受资产阶级的收编而走向灭亡，因为"没有什么流行音乐的唱片、发型或裤子（不管是怎样的惊世骇俗）能够对资本主义产生致命一击"①。

伯明翰学派将大众媒介视为资产阶级制造"道德恐慌"、收编亚文化的"共谋"。媒介被认为与官方的控制文化存在一种"共生关系"，其作用流程：

（1）控制文化作为最初的规定，而媒介复制这一规定。

（2）媒介对这一规定进行再生产——转换为自身的话语，通过广泛传播实现客观化，最后实现对公众舆论的引导。②

伯明翰学者中如迪克·赫伯迪格等人也谈到过工人阶级青年主动利用媒介的例子："亚文化本身的内部，会出现一种首先主要由工人阶级青年文化所提供的另类的批判空间，以反抗媒体对朋克的敌意或者至少是意识形态上的扭曲报道。一份另类朋克刊物的存在，证明了用手头有限的资源可以直接而廉价的生产出来的不仅仅只是服装和音乐。"③ 在此被提及的朋克杂志的特点是"粗糙、语法错误、给人急就章的感觉"，因此其存在的意义并非向外界提供沟通平台，而是自身风格在纸质媒介上的继续呈现。

以上对所谓"经典亚文化群体"的研究结论，在很多层面（例如聚居在一起、不利用媒介等）上与 iPhone "越狱"群体显然并没有共性，但是在另外一些层面（比如进行仪式化抵

---

① 比尔·奥斯歌伯. 青年亚文化与媒介 [G] //陶东风，胡疆锋. 亚文化读本. 北京：北京大学出版社，2011：339.
② 伯明翰当代文化研究中心"抢劫研究小组". 关于社会控制文化、新闻媒体以及社会治安运动建构之间关系的几则研究笔记 [G] //斯图亚特·霍尔，托尼·杰斐逊. 通过仪式抵抗：战后英国的青年亚文化. 孟登迎，胡疆锋，王蕙，译. 北京：中国青年出版社，2015：169-170.
③ 迪克·赫伯迪格. 亚文化：风格的意义 [M]. 陆道夫，胡疆锋，译. 北京：北京大学出版社，2009：140.

抗、善于制造文化符号等）上也许就存在相通之处。至于"最终必然走向灭亡"究竟能否用来判断"越狱"群体，我们可能还需要时间进行检验。

20世纪80~90年代兴起的后亚文化（Post-subculture）理论对伯明翰学派提出了很多批评意见，其中与本书相关的主要是两项："过于强调青年文化活动的政治抗争意味"和"忽视媒介力量对亚文化的正向作用"。在第一个问题上，安迪·班尼特等人指出："即使我们接受战后的青年消费主义首先是由工人阶级青年推动的，也依然很难接受伯明翰当代文化研究中心得出的如下论断：生活消费品一律被用于各种抵抗策略。"① 彼得·J.马丁则援引马克斯·韦伯的社会学理论提出：倘若将"社会""文化"或"亚文化"这样的结构概念视为真实事物，就很可能引发"具体化"的逻辑错误。② 换言之，马丁暗示伯明翰学派存在概念先行的问题，为了将亚文化的概念具体化而拼命在青年休闲活动中寻找能与之匹配的蛛丝马迹。实际上，"接连不断地成为研究对象的'各种青年亚文化群体'——泰迪男孩、摩登派、摇滚乐手（rockers）、嬉皮士、朋克等——事实上只是吸引了他们同龄群体中的少数人。"③

后亚文化学者们认为在网络化、全球化背景下，彼此泾渭分明、内部如铁板一块的亚文化群体实际上已经不存在了。大卫·钱尼即表示："晚现代（late-modern）文化特征的诸多特

---

① 安迪·班尼特，基思·哈恩-哈里斯.亚文化之后：对于当代青年文化的批判研究［G］.中国青年政治学院青年文化译介小组，译.北京：中国青年出版社，2012：序言9.
② 彼得·J.马丁.文化、亚文化与社会组织［G］//安迪·班尼特，基思·哈恩-哈里斯.亚文化之后：对于当代青年文化的批判研究.中国青年政治学院青年文化译介小组，译.北京：中国青年出版社，2012：28.
③ 彼得·J.马丁.文化、亚文化与社会组织［G］//安迪·班尼特，基思·哈恩-哈里斯.亚文化之后：对于当代青年文化的批判研究.中国青年政治学院青年文化译介小组，译.北京：中国青年出版社，2012：38.

定发展已经使得亚文化之类的概念显得多余了。"① 史蒂夫·瑞德海德通过对英国锐舞情景（Rave Scene）的研究发现：舞池是一个可以容纳各种身份阶层的青年一起狂欢的场所；在舞池中，之前那些泾渭分明的阶级、种族、性别等结构性区别元素统统消融了。萨拉·桑顿也通过对俱乐部文化（Clubbing Culture，有时也被译为"夜总会文化"）的研究指出"俱乐部文化不是单一的文化，而是亚文化的集合。这些亚文化分享俱乐部这一领域，但是他们保持着自己的服装代码、舞蹈风格、音乐流派和一切被认可的和违法的仪式"②。

后亚文化学者们的观点是取消伯明翰学派的主文化-亚文化理论框架，代之以彼得·J. 马丁为代表的学者的观念："与其把社会秩序设想为一个完整统一的系统，倒不如把它看作任何一个特定时期在个体和群体之间产生的无休止的利益斗争的结果。"③ 这也引起了其他学者的批评，如巴雷特表示，当代青年亚文化参与者众多的情况可能导致研究者未及深入内部就匆匆得出了去阶级化的结论。而事实上倘若能够将研究视角深入核心成员内部，则往往能够发现"抵抗"依然存在着。④ 本·卡林顿等人也表示，需要充分重视"消费者的选择在很大程度上可能是被建构起来的"这一问题。从表面上看，一个人可以自由选择在什么样的环境中从事什么样的活动，实际上

---

① 大卫·钱尼. 碎片化的文化和亚文化 [G] //安迪·班尼特，基思·哈恩-哈里斯. 亚文化之后：对于当代青年文化的批判研究. 中国青年政治学院青年文化译介小组，译. 北京：中国青年出版社，2012：44.

② 萨拉·桑顿. 亚文化资本的社会逻辑 [G] //陶东风、胡疆锋. 亚文化读本. 北京：北京大学出版社，2011：357.

③ 彼得·J. 马丁. 文化、亚文化与社会组织 [G] //安迪·班尼特，基思·哈恩-哈里斯. 亚文化之后：对于当代青年文化的批判研究. 中国青年政治学院青年文化译介小组，译. 北京：中国青年出版社，2012：32.

④ BARRETT D. DIY democracy: the direct action politics of U.S. punk collectives [J]. American Studies, 2013, 52 (2): 23-42.

"那些具体的'选择',通常首先是由各种社会资本形式以一种复杂的方式决定的。这些资本形式都相应地显现出一些可以被追溯到(结构性地限定)更广泛的身份认同的形态"[1]。

身处网络化、全球化时代的后亚文化学者们显然更为重视媒介技术的力量,而这恰好能与我们所要研究的 iPhone "越狱"群体联系起来。如萨拉·桑顿表示亚文化并非一种处在真空中的社会形态,它"不是从一粒种子开始发芽,然后依靠自身能量发展成神秘的'运动',只能被媒介延迟地融会贯通。相反,媒介和其他文化工业从一开始就在亚文化中存在着,并发挥着作用"[2]。桑顿认为亚文化即便无法掌握大众媒介,但依然可以借助专栏故事、同人传单和同人杂志为代表的"小众"媒介和"微型"媒介来为亚文化活动建构意义。

理查德·卡恩与道格拉斯·凯尔纳则意识到了当代亚文化群体对互联网的深度依赖:"随着不断更新换代的互联网一起兴起的新兴亚文化……全然依赖于网络传播媒介,全然被交付给网络传播媒介,他们还正确地认识到,网络传播媒介就是自己赖以生存的基础。"[3] 此外安迪·班尼特也提醒学者们注意网络技术对壮大斗争力量所能提供的帮助:"通过向年轻人提供全球范围内的新的传播途径,互联网已经被概括为一种潜力巨大的新资源,它为反霸权的颠覆性策略——这些策略的规模在先前是遥不可及的——的形成提供了可能。"[4]

---

[1] BARRETT D. DIY democracy: the direct action politics of U.S. punk collectives [J]. American Studies, 2013, 52 (2): 23-42.
[2] 比尔·奥斯歌伯. 青年亚文化与媒介 [G] //陶东风,胡疆锋. 亚文化读本. 北京:北京大学出版社, 2011: 344.
[3] 理查德·卡恩, 道格拉斯·凯尔纳. 互联网亚文化与对抗的政治学 [G] //陶东风,胡疆锋. 亚文化读本. 北京:北京大学出版社, 2011: 417.
[4] 安迪·班尼特. 虚拟亚文化? 青年、身份认同与互联网 [G] //安迪·班尼特,基思·哈恩-哈里斯. 亚文化之后:对于当代青年文化的批判研究. 中国青年政治学院青年文化译介小组,译. 北京:中国青年出版社, 2012: 193.

通过以上的梳理，我们不难发现，青年亚文化群体自20世纪以来的诸多发展流变特征可以包括以下几种：

● 逆反性的渐趋衰弱：从芝加哥学派眼中的"越轨"犯罪分子到伯明翰学派眼中的仪式抵抗群体，再到后亚文化学者眼中的趣缘群落成员。与逆反性衰减同时发生的趋势则是群体对娱乐性追求的增强及群体构成的去阶级化。

● 掌控媒介能力的增强。无论"越轨"群体还是仪式抵抗青年，基本由于缺乏财富和文化知识的支撑，难以掌控媒体来为自己发声。而从趣缘群体开始，特别是进入网络时代后，伴随着整个社会的经济丰饶和文化教育事业的持续进步，青年人阅读和掌控媒介的能力得以迅速增强。尤其是自媒体时代的到来，使得几乎每个人都可以随时随地发表文化观点。这极大地增强了亚文化群体向外传播自身文化和价值理念的能力，也为进一步提升群体的独立性和持久性奠定了基础。

● 亚文化群体的标志从对抗性转向趣缘性，使得他们的文化价值理念凝结物——特定形式的文化产品具有了被商业资本和粉丝（读者、观众、听众等）推崇与购买的可能。这导致亚文化开始走向商业化，而商业化带来至少两个结果：第一，亚文化通过商业化运作获得经济回报，能够实现自身的文化再生产，从而使得群体可以生生不息；第二，由于商业化的存在，亚文化群体的价值理念在一定程度上不得不因与商业化合作而打折扣，他们甚至出现为了迎合商业化而开发出特定价值理念的情况。

到这里，我们可以借助以上三点来对今天的"越狱"亚文化群体进行分析。

首先，"越狱"亚文化群体在总体特征上是符合趣缘群体特征的。"破解"iPhone的活动并不触犯美国法律，也不是在以打、砸、抢等方式破坏苹果公司的产品。如果要把"越狱"行为视为一种对苹果公司"不善待自己优秀产品"的文化抗议活动，倒也具有一定的合理性，但若认真分析，我们则会发现，iPhone"越狱"绝不像仪式抵抗那样无力，"越狱"是实实在在的技术实践行为，并且也导致明显而直接的技术后果。

再从趣缘群体的角度审视 iPhone"越狱"群体，我们就会发现诸多的匹配性。比如，"越狱"群体没有阶级划分，事实上也没有在性别、年龄、种族、文化程度等方面设置准入门槛。① 再加上"越狱"群体主要是基于网络进行在线交流，使得理论上任何人都可以随时加入（或退出）这个群体，而流动化、碎片化、（身份）多元化等风格正是后亚文化学者们为趣缘群体归结的特征。

其次，"越狱"群体是深度的媒介使用者。由于普遍文化程度较高，他们在媒介认知和使用方面没有任何障碍，甚至由于技术素养的先进性，反而是媒介（尤其是网络媒介）使用方面的先锋队。当然，与使用媒介相比更为重要的是掌控媒介。在这一点上"越狱"群体同样表现优异。欧美"越狱"大神及相应组织基本都在 Facebook、Twitter 等重要自媒体平台中拥有自己的账户并定期发言；IT 杂志、网站及相关自媒体则会对他们发表的重要言论及时跟进转载（从客观上起到了扩大传播效果的作用）。

在中国，"黑客"译名导致的污名化问题使得中国黑客群体长时间缺乏自己的发声渠道。"越狱"同样由于缺乏精准宣传而成为一个令外行人感觉恐怖的名词。但这一切在网络时代发生了很大好转。虽然中国还没有专门以"越狱"作为主体的

---

① 只是由于 IT 领域自身的文化特性，"越狱"群体中占据更多比例的是高学历的白种人、黄种人青年男性。

网站或电子杂志，但是以此为名称并实实在在进行相关知识推广的微信公众号已经很多。威锋网论坛这样的存在更是功勋卓著。它虽然没有专门的"越狱"板块，但有关"越狱"知识、技术、文化、工具的讨论已经深深嵌入了几乎每一个苹果产品的讨论区中。

再次，"越狱"亚文化的趣缘性将有可能为它带来粉丝和商业资本的瞩目。从亚文化的普遍意义上讲，粉丝的作用是以其关注和支持为亚文化持续发展助力，而其中最重要的是经济助力。回想一下历史，无论"越狱"群体还是仪式抵抗青年都是不存在粉丝概念的。仪式抵抗活动确实会吸引路人，但这些路人并非亚文化的支持者，更不可能为之解囊。粉丝的缺乏在某种程度上正是仪式抵抗只能发生在娱乐休闲领域而无法进入资本主义生产过程的原因，因为仪式抵抗青年仍然需要资本家提供工作来养家糊口——"我不会穿着朋克服装去工作——任何事情总得分清时间与场合"①。而在"越狱"群体中，粉丝的经济支撑作用则显得非常鲜明。在日益便捷的网络支付技术的帮助下（在中国，支付宝、微信支付的帮助作用尤其明显），粉丝可以非常方便地通过直接的捐助帮助可能受困于资金问题的技术团队重整旗鼓。

至此，我们打算从博弈主文化、亚文化资本和亚文化产业三个方面来讨论 iPhone "越狱"亚文化问题。这恰好构成了以下三个小节的主题。

---

① 迪克·赫伯迪格. 亚文化：风格的意义[M]. 陆道夫，胡疆锋，译. 北京：北京大学出版社，2009：117.

"越狱"亚文化与主文化的博弈

通过上一节的分析我们可以知道,传统或者经典亚文化研究的鼎盛时期是20世纪中叶前后,而一些相关论点在今天已然落伍。即便是对它进行颠覆的后亚文化理论,由于是从20世纪90年代开始起步的,因此到现在也出现了时代发展导致的观点陈旧。

iPhone"越狱"是最近十几年才开始出现的新技术文化现象。对此进行研究可以在参照经典理论的基础上推陈出新。接下来我将引用自己的博士论文《文化对抗·文化疏离·文化衍替——新媒介技术语境下的青年亚文化研究》中得出的理论框架和概念,对"越狱"亚文化与主文化之间的博弈情形进行讨论。

主文化是一个国家主流意识形态所代表的文化。根据北京大学高丙中教授的研究,就当代中国而言,主文化可以分为三类:

● 侧重权力支配关系来划分的主文化是主导文化,通常以政权为基础,是由权力捍卫的。在进入市场经济之后,中国社会的主导文化毫无疑问是社会主义文化。

● 强调占据文化整体的主要部分的主文化是主体文化,是由长期的社会过程造成的。目前中国的主流文化大概可以说是中国特色的市场经济文化(多种主义的混合型)。

● 反映一个时期主要趋势的主文化是主流文化,代表了当前的思想潮流和社会生活的风尚。其构成更加复杂:传统文化、社会主义文化、资本主义文化缠绕与混杂在一起。它们在势力上的强弱消长,现在还难以预料。[①]

---

① 陶东风,等. 当代大众文化价值观研究:社会主义与大众文化[M]. 沈阳:辽宁教育出版社,2014:402.

与上述分类法相关的一个分类是，把一个国家某一时期的总体文化划分为主文化、亚文化、负文化和反文化四类。其中主文化占据绝对主体地位，另外三种占据少数和边缘地位。与亚文化相比，负文化指的是那些号召与主文化保持疏离，展现冷漠、弃世思维的文化形式；反文化则更进一步，指的是那些号召直接与主文化展开实质性斗争，涉及争权夺利的文化形式。无论负文化还是反文化，都是代表国家权力的主文化严厉打击的对象，而亚文化在此如何摆正身位就成为一个非常重要、事关其自身能否长期健康发展的大问题。

在我们看来，在青年人得以对日益强大而重要的互联网保持技术优势的前提下，青年亚文化将有可能改变长期以来面对主文化的弱势地位，发展出更具力度的新型抗争模式。我们对这种新型模式的初步发现可以归结为以下三点：

第一是文化对抗（Cultural Confrontation）。这是一种基于思想观念冲突，发生在经济、法律、文化等领域内且可能造成实质损失的抗争。其在激烈程度上明显超越了仪式抵抗。

第二是文化疏离（Cultural Alienation）。它的外部表现即青年群体与成年群体间的不交流、不合作。但这并不意味着青年群体在自我放逐。对现实社会的失望或者对特定亚文化的迷恋使他们主动选择了"逝将去女，适彼乐土"。

第三是文化衍替（Cultural Evolution）。这指的是亚文化群体与商业资本、大众媒介合作建立亚文化产业，通过将亚文化资本向主文化输出来推动后者接受亚文化理念与价值观的活动。文化衍替与伯明翰学派所谓"收编"有着外在的相似性，即它们都实现了亚文化符号元素被主文化的征用。但不同的是，"收编"意味着亚文化活力的丧失甚至组织形态的消亡，而文化衍替恰恰代表了亚文化的繁荣兴盛。

提出这三个概念并非意指亚文化可以（或者应当）据此分

成泾渭分明的三类，事实上这三者是以不同比例和强弱关系同时存在于任何一种亚文化之中的。例如在黑客亚文化（"越狱"亚文化可以参照）中，处于强势地位的文化对抗掩盖了文化疏离和文化衍替；而在COSPLAY亚文化中，文化疏离牢牢占据着主体地位。与此同时，这三者的比例和强弱关系在具体的亚文化形态中又会随着时间和其他条件的变化而变化。例如早期耽美亚文化纯粹是以文化疏离为主的，然而当以某些明星为代表的同性CP（Couple）文化通过电视银屏、春晚舞台大行其道后，其文化衍替的比例就获得了明显提升，推动了耽美亚文化被成年群体认知和接受。

当面对主文化时，上述三种模式所代表的抗争策略又存在不同：文化对抗凭借网络技术优势试图强行推广亚文化理念；文化疏离通过扩张亚文化资本来拉大与主文化的距离；文化衍替则借助亚文化产业向主文化输出亚文化资本来谋求后者对亚文化认同度的提升。此外，这三种模式之间还存在着较为明显的互通互助特色：以文化疏离为主的亚文化（比如动漫族）可以学习文化对抗的策略增强技术能力（比如通过P2P下载方式获取动漫素材）；而以文化对抗为主的亚文化（比如黑客）也可以学习文化衍替的策略，既达到斗争目标，又避免与主文化产生激烈冲突（如推动软件性质由商品变为服务）。

总之，在我们看来，这三种新型的博弈模式无法在前网络时代出现，是因为它们与网络技术赋予亚文化群体的两大优势密切相关：第一是由网络资源的丰富性、数字化、可高速传输等特点带来的信息自由；第二是由网络快捷支付技术所带来的财富流转自由。信息自由是构成文化对抗和文化疏离的基础，但仅凭这一点还不能直接催生更为重要的文化衍替。财富流转自由以粉丝群体的聚集和网络快捷支付技术的普及为前提，而它的出现让亚文化群体从真正意义上提升了独立自主性，可以与商业资本、大众媒介合作建立亚文化产业,进而推动文化衍替的开展。就 iPhone "越狱"亚文化而言,其成员显然不但拥有信息自由和财富流转自由,还在这两方面处于较为明显的优势地位(例如对于顶级黑客而言,他们在进入"越狱"社区前往往都已经同时拥有了高超的技术与丰厚的财富)。因此,可以说,在 iPhone "越狱"亚文化上,我们可以使用这个由文化对抗、文化疏离及文化衍替组成的理论框架来进行研究。

具体来说,由于文化疏离和文化衍替分别与亚文化资本和亚文化产业相关,我们打算把相关的分析融入相应章节。在本节,我们只针对文化对抗来论述。

文化对抗是在仪式抵抗的基础上诞生的。它的优势是克服了后者天生具有的软弱性。对仪式抵抗来说,它既不是暴烈的武装反抗,也不是目的鲜明的游行示威,而只是通过对文化符号的风格化改造和使用来表明自身的存在。有关这一特征的描述可以从作为伯明翰学派思想集大成之著的《通过仪式抵抗》一书中读到——光头仔(Skinheads)们选择平头、吊带牛仔裤和马丁大头靴作为标志性行头被认为是表达着"试图通过'一个团伙'(mob)来重新创造传统工人阶级社群的努力"[1],工人阶级子弟(家伙们,Lads)在资产阶级学校里逃课、殴打老实同学等行为则体现出"拒绝与施加于自身的教育压制合谋"[2]。

仪式抵抗被认为基本只能发生在工人阶级青年的休闲、娱乐领域,无法在生产领域中开展,而这是仪式抵抗的第二个特

---

[1] 约翰·克拉克. 光头党与社群的神奇恢复 [G]//斯图亚特·霍尔,托尼·杰斐逊. 通过仪式抵抗:战后英国的青年亚文化. 孟登迎,胡疆锋,王蕙,译. 北京:中国青年出版社,2015:197.

[2] 保罗·威利斯. 学做工:工人阶级子弟为何继承父业 [M]. 秘舒,凌旻华,译. 南京:译林出版社,2013:169.

征。其中的原因被伯明翰学者约翰·克拉克等人解释为一种"习俗的权力"（Customary Rights），即"在资本主义社会里，霸权是一个动态的平衡，不是固定不变的。相比学校和工作场合，休闲领域是霸权最薄弱的地方，享有的自由最多……"①但事实上它还可以有一个更为透彻的经济层面解释。保罗·威利斯在《学做工：工人阶级子弟为何继承父业》一书中其实已经提到了关键："当工人阶级子弟发现自己之前的自信其实靠不住时，很可能已经为时已晚。反学校文化中的胜利色彩在把工人阶级子弟送进紧闭的工厂大门时就已戛然而止。"②书中那位老工人向工人阶级子弟炫耀的话——"活儿很重，那些经理们都干不了这个，没几个强壮到能一直提着这个金属疙瘩……我一星期赚八九十英镑，不坏吧？"——可以被解读为一种反向的暗示：想顺利拿到钱养活自己，那就得踏踏实实干活儿，而不能再像读书时代那样吊儿郎当。换言之，此处揭示了一种亚文化青年难以解决的矛盾，即他们"必须以对资本主义生产的忠诚才能获得维持生存和进行仪式抵抗所需要的物质基础"，那么所谓仪式抵抗自然就不便带入工厂车间了。

仪式抵抗的上述两个特征决定了它无法避免的软弱性，而文化对抗通过基于网络技术赋权得到的信息自由和财富流转自由完成了对它的超越。但是与此同时，文化对抗毕竟还是属于青年亚文化范畴，它与更为激进的青年反文化的区别是非常明显的。反文化一般带有强烈的政治色彩。它的目标通常是"取

---

① 胡疆锋. 伯明翰学派青年亚文化理论研究［M］. 北京：中国社会科学出版社，2012：80.
② 保罗·威利斯. 学做工：工人阶级子弟为何继承父业［M］. 秘舒，凌旻华，译. 南京：译林出版社，2013：140.

代多数人的价值观,代之以自己的社会政治观念和信仰"①。反文化只是在认同社会主文化的一侧与亚文化存在一定交集,在背离主文化的那一侧则抛开了亚文化而与更为暴烈的政治行动接轨——"亚文化和反文化的共同点很多,或许最能区分二者的东西是其对逐渐贫困的当代政治和社会生活做出反应的规模(scale)……(反文化)在空间上不受特殊'情景'(scenes)或场所的影响。在成员构成上,年轻人不一定占据主宰地位"②。20世纪60年代席卷全球的青年反文化运动就是典型的例子。在一些国家,反文化距离革命起义可谓只有一步之遥。例如,法国巴黎著名的"街垒之夜"的情景是这样的:"巨大的人群在迷宫般的街道上散开,人们捡来鹅卵石、交通标志、建筑工地上的脚手架和瓦砾——人们把手边一切能够捡到的东西都堆在一起构筑起防范警察的工事……"③而与此同时,"成排的国家安全局武装警车泛着黑黝黝的光芒。成群的安全警察戴着护目镜、面罩和头盔……裹着皮衣,手持大棒、盾牌,还装备催泪弹。第五共和国正赤裸裸地挥动着它的武力……"④。

与反文化相比,文化对抗并不对现存政治文化体制怀有明显敌意。它在更多情况下是为了捍卫自身文化理念而与主文化展开抗争,而青年群体对网络技术的掌握优势是这类抗争得以持续的最大倚仗。例如,网络游戏《魔兽世界》的玩家就曾掀

---

① 苏茜·奥布莱恩,伊莫瑞·西泽曼.大众文化中的亚文化和反文化[G]//陶东风,胡疆锋.亚文化读本.北京:北京大学出版社,2011:40.
② 苏茜·奥布莱恩,伊莫瑞·西泽曼.大众文化中的亚文化和反文化[G]//陶东风,胡疆锋.亚文化读本.北京:北京大学出版社,2011:42.
③ 塔里克·阿里,苏珊·沃特金斯.1968年:反叛的年代[M].范昌龙,李宏,王彦兴,等译.济南:山东画报出版社,2003:104.
④ 塔里克·阿里,苏珊·沃特金斯.1968年:反叛的年代[M].范昌龙,李宏,王彦兴,等译.济南:山东画报出版社,2003:106.

起过这样的行动。2010年国内玩家发现代理商网易推出的游戏资料片《魔兽世界：巫妖王之怒》存在大量"阉割"（删减）情况——"由于通过的《巫妖王之怒》版本为大规模删减版本，死亡骑士新手任务仅仅保留40%，大量任务被和谐，游戏版本为没有冰霜纹章，没有3H本的3.2（十字军的召唤），比如今的台服3.3（王者的陨落）落后一个版本，确实可玩性大大降低"①，他们对此的反应不是忍受，而是在游戏名言"兽人永不为奴"的激励下大规模转战台服②。在此过程中玩家通过论坛、QQ群等平台充分保持联络，分享技术教程，共同克服语言（台服只显示繁体中文）和网络防火墙造成的游戏障碍，最终依靠这种无声的对抗使得网易承受巨大经济损失。③ 为网民翻译未被引进的原版剧集的网络字幕组也与主文化关系紧张，因为后者经常举起版权大棒对字幕组进行围剿，而前者则认为自己的活动乃是一种"用无偿盗版的方式来满足弱势群体对资源的渴求，以达到'视觉民主化'……"的努力。④ 在美剧分享网站不断遭到官方取缔的情况下，字幕组通过选择"磁力链"等不需要借助网站服务器中转的新型分享模式继续着他们的文化对抗。至此不难看出，文化对抗产生的根源往往在于青年亚文化与主文化在理念和价值观层面的差异。而青年群体的网络技术水平越强，就越能推动这一对抗的激烈和持久程度。

所有青年亚文化形态中拥有最强技术优势同时又在价值观

---

① 小哈米.巫妖王阉割版让人喜忧参半 大灾变审批是关键[EB/OL].(2010-07-27)[2020-09-15].https://games.qq.com/a/20100727/000208.htm.
② 台湾游戏代理商的服务器，提供完整版游戏内容。
③ IT世界.巫妖王之怒解禁 网易损失2亿终于苦尽甘来[EB/OL].(2010-08-05)[2020-09-15].http://games.qq.com/a/20100805/000304.htm.
④ 王彤，陈一.跨文化传播下的字幕组：在看似侵权与违法的背后[J].传媒观察，2014（4）：14—16.

念上非常特立独行的"黑客"往往是掀起文化对抗的主力军，iPhone"越狱"亚文化天然与黑客具有千丝万缕的联系，因此也就天然地具备了进行文化对抗的实力——当然，在这个具体情景下，作为主文化群体出现的主要是以苹果公司为代表的主流商业利益集团。iPhone"越狱"亚文化与主文化进行文化对抗的核心就是"Free"（自由）。在"越狱"社区里，对"Free"的诉求是天然而强烈的，而且所有的诉求都基于一个看上去非常合理的客观现实，那就是"既然我买了一台iPhone，我怎么处置就是我的自由"。这里的处置甚至可以包括抛弃、砸坏、焚毁，那么"研究它的内部系统，破除一些不合理的枷锁"当然也包括在内。如果这一点受到来自苹果公司的阻挠，就将是非常不合理的，是对消费者"Free"权利的巨大伤害。

当然，在"越狱"社区内，将"Free"解释为"免费"的群体占比可能更多。对他们来说，通过 App Store 获取收费 App 只是一个可选项，不应当成为必选项。既然已经有现成的"越狱"工具可以让自己（同样出钱购买）的 iPhone 得到免费获取 App 的权利，那自己为什么要出于"照顾苹果公司商业利益"的目的而把它从眼前推开呢？普通消费者没有责任为让苹果公司再多赚 1 美元而出力。

由此，在"越狱"社区中，彼此交往可能并不太多的黑客精英与"越狱"爱好者们在"Jailbreak for Free"的大旗下团结起来了。尽管前者是秉承黑客文化精神，为把"Free"解释成"自由"而战，而后者是为了用黑客开发的"越狱"工具得到"免费"才为前者摇旗呐喊，但不管怎么样，两者都在多义词"Free"之下团结一致。尽管他们在技术对抗层面的战斗力有天壤之别，但是当战场进入文化对抗时，双方都显现出了强大且可以彼此依托的优势。

尽管他们在技术对抗层面的战斗力有天壤之别，但是当战场进入文化对抗时，双方都显现出了强大且可以彼此依托的优势。

图 3-1 是一场文化对抗从发生到发展的基本脉络。可以看到，任何文化对抗都是从萌芽期开始的。这个起点上必然会发生令亚文化群体感觉到有必要去向主文化展示文化抗争的事件。

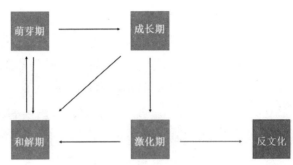

图 3-1　文化对抗脉络图

这种抗争在 iPhone"越狱"群体中基本是以技术方式进行的。对黑客精英来说，技术方式既可以是"研发越狱工具"，也可以是"入侵相关政府、企业的官方网站并留下警告"；对"越狱"爱好者来说，技术方式可以是参与签名、顶帖、转发或者利用"被分发到手中的"技术工具去执行某项既定任务（在中国类似"帝吧出征"的活动中，这种情况非常常见）。

然而，即便抗争活动以技术的面貌进行，其诉求也一定是带有文化意义的，比如，"要求苹果公司禁止起诉'越狱'黑客""要求诸多互联网公司对 Cydia 应用市场投入更多支持和关注"等。这样的诉求如果得到理解和允诺，抗争的怒火就会平息，令局面走向和解期，反之则进入成长期。

在文化抗争的成长期，获得成长的元素首先包括参与抗争的团队规模。此时抗争活动通过媒体、自媒体及网络社区的传播发酵，已经对外界造成了一定的影响，但主要涉及群体仍然限于 IT 圈内。获得成长的元素还包括文化抗争的诉求——原有的诉求的力度和广度至此可能加大了。比如，由于苹果公司对"越狱"社区处于萌芽期的诉求置之不理，此时新的诉求内容中已经增加了"要求苹果公司高管为相关责任进行公开道歉"。在这一时期，文化抗争如果获得了预想成果，就可以从整体上退回和解期。但文化抗争如果继续遭遇强硬对待，就会进一步升级到激化期。

激化期是一个特别值得关注的阶段。文化抗争发展到此时此刻，相关活动和影响已经实现了"出圈"的传播，也就是说，凭借大众媒介的报道，IT 圈外的人也知晓了此事，并开始在两边进行选择性站队。而无论他们怎样站队，抗争激化总是更加令以苹果公司为代表的主文化群体感觉不安。这个时候，倘若矛盾仍能迅速得到缓解，那么激化期可以再度转变为和解期（这里的转变就比从萌芽期、成长期开启的转变慢了）。但如果矛盾仍未能得到解决，文化抗争就可能由一种亚文化活动向反文化转变——尽管这是一种小概率的可能，但历史上也并非不能找到先例。

在文化抗争过程中，"越狱"黑客精英显然担任着领导者的角色。他们甚至不用组织，因为"越狱"爱好者们基本是出于自愿，积极主动地追随他们的。他们需要做的只是站在脸书、推特的页面上振臂高呼。"越狱"黑客能够有这样的优势，与他们自身强大的技术力量息息相关。这种力量既是对"越狱"爱好者的造福之源，也是令后者痴迷崇拜的根本。在亚文化研究的框架里，我们打算把它称为"亚文化资本"。精英黑客究竟拥有怎样的"资本"，可以让"越狱"爱好者们甘心追随，又可以让主文化势力选择让步与和解呢？请看下一节的分析。

"越狱"群体的亚文化资本

"亚文化资本"（Subcultural Capital）一词是萨拉·桑顿从布尔迪厄的"文化资本"概念发展而来的。后者与惯习、符号、暴力、区隔等同属于布尔迪厄通过《再生产》《区隔》《国家精英》等著作提出的文化再生产理论中的关键词。在布尔迪厄这里，文化资本指的是通过各种具体的教育行为传递的文化物品，它可以表现为文化、修养、内涵等体貌形态，图书、词典、机器等客观形态，以及文凭、证书、奖状之类的官方资质形态。布尔迪厄认为：文化资本与权力、阶级、意识形态等概念息息相关；资本主义的整套学校教育系统并非寒门学子的社会上升通道，而是以符号暴力方式方便专断性权力世袭其优越文化资本的工具，即"貌似公平并具有形式平等的教育体制……不仅没有再分配各阶层的文化资本的不均匀分布，反而促进、稳固或者确切地说再生产了这种社会不平等……"①。

桑顿提出的"亚文化资本"是对"文化资本"概念的批判性继承，她在承认后者是一套行之有效的阶级、阶层区隔（Distinction）指标体系的前提下，又提出了对媒介作用的淡漠及对等级概念的过分重视已导致这一理论很难直接运用于电子化、网络化普及的当代文化环境之中。桑顿本人向来注重媒介对青年亚文化发展的推动，因此在谈及文化资本时她即坦言"亚文化资本（如我研究的）和文化资本（如布尔迪厄的分析）的一个重要区别在于媒介是主导前者运行的首要因素"②。

作为后亚文化研究的代表人物，桑顿认为，亚文化资本已经不像文化资本那样饱受阶级因素限制。在新媒介技术的帮助下，亚文化群体开始故意模糊自身的阶级属性，通过制造"无阶级的幻想"来把基于年龄、性别、种族、价值理念而形成的"酷样"（Hipness）作为亚文化资本的主要标志。而与文化资本一脉相承的是，亚文化资本也可以被物化为多种具体形态：

---

① 朱国华. 文化再生产与社会再生产：图绘布迪厄教育社会学［J］. 华东师范大学学报：哲学社会科学版，2015（5）：173—189.
② 萨拉·桑顿. 亚文化资本的社会逻辑［G］//陶东风，胡疆锋. 亚文化读本. 北京：北京大学出版社，2011：360.

如发型、服饰、俚语等体貌形态,手抄本、黑胶唱片等客观形态,以及绰号、排行、圈内认可度等资质形态。

桑顿事实上已经提到了亚文化资本与货币财富之间的关系。在这一点上,她首先指出虽然亚文化资本转化成货币财富"可能不像文化资本转化成经济资本或金融报酬转化成文化资本那么容易,但是酷样也会产生各种职业和收入"①。她为此举出的例子是 DJ、服装设计师、娱乐记者等各种职业的人都可以依靠亚文化资本谋生。然而现实的物质生存需要的是货币财富,那么,这些真金实银从何而来呢?答案是来自亚文化消费者的投资——"年轻人在亚文化资本中投资……归因于下面这一事实:来自各种阶级背景的年轻人愿意享受从必需品需求的压力中逃脱出来的瞬间"②。换言之,20 世纪 80 年代以来全球经济形势的好转使得手头宽裕的青年人更乐于将消费目光从生活必需品转向彰显兴趣和风格的亚文化元素,而亚文化向互联网的迁移又使得他们更容易找到符合自身兴趣、爱好的文化形式。这两方面加起来就使得当代的亚文化形态较以往有了获得更多货币财富支持的可能。

"亚文化资本"概念事实上与伯明翰学派提出的"风格"概念有着千丝万缕的衔接与传承关系。"风格"概念最初由伯明翰学派的菲尔·科恩在《亚文化冲突与工人阶级社区》一书中提出,包括以下三类元素:

- 形象,包括服装、发型、珍宝饰物、手工制品。
- 品行,包括表达、仪态和步法。
- 行话,包括特殊词汇及其传送过程。

---

① 萨拉·桑顿. 亚文化资本的社会逻辑[G]//陶东风,胡疆锋. 亚文化读本. 北京:北京大学出版社,2011:360.
② 萨拉·桑顿. 亚文化资本的社会逻辑[G]//陶东风,胡疆锋. 亚文化读本. 北京:北京大学出版社,2011:364.

稍加审视就不难发现，风格中的元素与亚文化资本相比，最大的不同是缺乏文化价值理念凝结物——特定形式的文化产品。这当然与伯明翰学派视野中的亚文化群体本身不具备商业性文化生产能力与意旨有关。我们对此稍加整理，并结合网络时代的一些特征，可以将亚文化资本的内在元素罗列如下：

● 形象元素：服装、发型、饰品、网络虚拟形象[①]。
● 表达元素：行话切口、标志性动作、网络作品风格等。
● 等级元素：在群体内部、外部（主流认知）的受认可程度，在论坛的头衔及权限的高低，在粉丝中的影响力，等等。
● 代表作元素：著作、表演等可物化为资本的亚文化成果。

亚文化资本的职责是与经济资本进行交换，使亚文化群体可以通过经济收益维持自身的再生产。这里的经济资本不仅可以来自企业、集团的商业资本，也可以来自粉丝群体的小规模经济输出。这两者的区别是：

● 前者规模更大，且一旦合作达成，资本交换流程是较为稳定的；后者规模零散，且有可能被各种突发情况打断（例如被"越狱"群体的一则推特或一篇公众号文章激怒）。
● 前者主要交换亚文化资本中的代表作元素，而后者可以交换亚文化资本中的任何元素。

接下来我们可以根据以上剖析出来的亚文化资本模型来审视iPhone"越狱"亚文化群体。

首先，根据以上模型，这个群体的亚文化资本构成可以描述如下：

● 形象元素：聪明、不修边幅、大多偏消瘦；穿着休闲、

[①] 同样包括服装、发型、饰品。

嬉皮士风格；长发、络腮胡、小胡子也很常见。①

● 表达元素：我行我素、不愿墨守成规；反对极权，往往有独特政治观念；信仰不可知论、无神论，也会受禅宗、道教影响；网络 ID 习惯使用小写字母与数字的无序组合（如 mie1on9rr）。

● 等级元素：崇尚礼物经济学，热爱通过无偿奉献知识获得同行人的尊敬（这种尊敬可以换到"登高一呼"则引起群起响应的效果）。而如果选择将知识技能变现贩卖，就将使自己声名一落千丈。

● 代表作元素：各种"越狱"工具及其辅助工具。

其次，我们可以来考察粉丝与商业化机构分别与亚文化群体进行资本交换的异同。对于粉丝而言，他们的资本交换行为具有突发性、从众性、零散性及不稳定性等特点。这些特点形成的原因与粉丝和亚文化群体之间缺乏稳定的媒介沟通平台、稳定的信息交互特别是稳定的文化产出物有关。

以被 iPhone "越狱"亚文化圈津津乐道的霍兹"破解"（注意：这实际上并不是"越狱"）版 iPhone 交易为例，这是一起典型的粉丝资本交易行为。作为黑客的霍兹，以他"破解"的初代 iPhone 为亚文化资本，换取到一位狂热粉丝给的经济资本——一辆日产跑车和三部未"破解"的 iPhone 手机。这笔交易固然来得轻松自在，但它是非常态化的，具有很大的不稳定性，体现在：

● 交易的双方是不稳定的，没有常态化的市场在运作，买家和卖家难以迅速发现彼此。

● 交易的价格是不稳定的，并没有常态化的价值尺度，在

---

① 本书第一章中援引李婷《离线：黑客》一书的剖析，并对此做了更为详细的描述。

大多数情况下只凭借双方议价得出。

● 交易的价格有更大可能随着"破解"版 iPhone 的增多而迅速下降。

当然与此同时，粉丝资本的一大好处在于，它可以为除亚文化产出物之外的其他亚文化资本买单。例如类似霍兹、"树人""肌肉男"这样的大神，倘若"登高振臂一呼"（发一条脸书或推特消息），即有可能在没有任何亚文化产出物的情况下，通过众筹甚至捐赠的方式换得粉丝解囊。这类粉丝中的最坚定者被美国互联网哲学家凯文·凯利称为"铁杆粉丝"（True Fans）。所谓铁杆粉丝，在一定意义上甚至接近"脑残粉"。他们对偶像（大神）的任何行动都无条件支持，即便是半成品、残次品也愿意买下来当纪念。凯利是以表示："一个专注的艺术家能够培养一千名铁杆粉丝，并且通过新技术获得粉丝的直接支持，从而过上安稳的生活。"[①] 在这里，我们不难看出"越狱"亚文化倘若坚定走小众化道路，完全可以借助铁杆粉丝的支持维持发展和再生产。但是，一种亚文化倘若想获得更高的社会关注度，就势必不能偏安一隅，而是要进行更多、更频繁且固定化、常态化的资本交换。这不是粉丝群体可以支撑的，唯有商业资本可以做到。亚文化群体与商业化机构间进行资本交换，从形式上看只是他们从粉丝那里获得打赏、红包、转账的体量扩张，但事实上这成为一种体系化的流程，也就是形成了所谓"亚文化产业"。

"越狱"群体与亚文化产业

英国学者马丁·罗伯茨在其论文《全球性地下文化札记：

[①] 凯文·凯利. 技术元素[M]. 张行舟, 余倩, 周锋, 等译. 北京：电子工业出版社, 2012：92.

亚文化和全球化》中比较详细地阐述了他所提出的"亚文化产业"（Subculture Industry）概念。他首先指出过去十年中全球化研究和亚文化研究存在着互相忽视的状况，即"迄今为止，在全球化文化经济的理论建构忽视了亚文化流通的同时，亚文化研究也忽视了全球化进程的含义，尤其是国际互联网对亚文化生产和实践的影响"①。这一状况的持续将使得全球亚文化经济被学界忽略。而事实上这一经济模式不仅已然成形，对亚文化本身的建构、发展也在产生越来越重要的影响，其中一个表现就是"一个地方的主流文化在另外一个地方可能会变成亚文化，反之亦然"②。罗伯茨在此列举了欧美摇滚乐、中国武术和日本动画等例子。中国二次元网站 B 站（哔哩哔哩）正可以作为对此的呼应——作为日本动漫爱好者集中营的 B 站在中国无疑属于一种亚文化平台，但作为其文化源头的 NICONICO 却是日本主流门户网站。③

罗伯茨注意到当代大众文化中已经越来越多地呈现出来自青年亚文化的符号制品——另类音乐、独立电影、地下漫画、极限运动，遂在此基础上提出了他的"亚文化产业"概念："我模仿阿多诺和霍克海默的'文化产业'一词，用'亚文化产业'来讨论亚文化生产、身份和符号化实践的自我矛盾的商业化"④。他之所以认为这一商业形式存在"自我矛盾"，是基于对以下概念的认知，即"亚文化的特质之一就是反对文化产

---

① 马丁·罗伯茨. 全球性地下文化札记：亚文化和全球化 [G] //陶东风，胡疆锋. 亚文化读本. 北京：北京大学出版社，2011：401.
② 马丁·罗伯茨. 全球性地下文化札记：亚文化和全球化 [G] //陶东风，胡疆锋. 亚文化读本. 北京：北京大学出版社，2011：404.
③ 陈席元. 弹幕话语建构的青年亚文化网络社群研究：以哔哩哔哩网对 Keyki 事件反应为例 [J]. 电脑知识与技术，2014（20）：4667-4669.
④ 马丁·罗伯茨. 全球性地下文化札记：亚文化和全球化 [G] //陶东风，胡疆锋. 亚文化读本. 北京：北京大学出版社，2011：404.

业自身扮演的商业主流的角色"①。在这一点上本书只予以部分认同,即亚文化固然不能通过彻底融入商业主流导致自身文化边界的消亡,但亚文化(特别是网络时代的亚文化)确实可以通过与商业机构、大众媒介的合作来达到增强而不是削弱自身文化力量的目标。

罗伯茨充分借鉴了桑顿的"亚文化资本"概念来论述他的"亚文化产业"概念。与桑顿类似的是,罗伯茨也认为,在网络时代,布尔迪厄的"文化资本"虽然仍然存在,但已经在借助媒介力量大大增强文化注意力流动性的青年群体里日益淡化着"区隔"的意义了,而这一改变导致的直接结果就是"最受年轻一代社会经济的精英青睐的还是'亚文化资本'……城市下层阶级的黑人喜欢挪用象征白人高雅文化的传统荣誉的符号,而远郊中产阶级的白人青年又通过挪用黑人嘻哈文化的模仿者(如艾米纳姆效应)的嘻哈风来寻求黑人亚文化资本"②。

商业机构或大众媒介选择与亚文化群体合作打造亚文化产业的目标当然并非缔结反"主文化"联盟,前两者更多是出于纯粹的"逐利"目标,即"尽管趣味的现代性标准的发展一直都习惯于在社会经济的精英所引领的'自上而下'的潮流中随波逐流,但现如今,神奇的'街头文化'带着它富有创造性的成果贯穿了整个文化产业谱系"③。而对于亚文化而言,时代和技术条件的变迁早已使得它习惯于借助媒介力量公开展示自我,或者说这正是时隔多年之后对赫伯迪格提出的"躲在亮

---

① 马丁·罗伯茨. 全球性地下文化札记:亚文化和全球化 [G] //陶东风,胡疆锋. 亚文化读本. 北京:北京大学出版社,2011:404.
② 马丁·罗伯茨. 全球性地下文化札记:亚文化和全球化 [G] //陶东风,胡疆锋. 亚文化读本. 北京:北京大学出版社,2011:405.
③ 马丁·罗伯茨. 全球性地下文化札记:亚文化和全球化 [G] //陶东风,胡疆锋. 亚文化读本. 北京:北京大学出版社,2011:405.

中"(Hiding in the Light)概念的印证:"面对家庭、学校和工作场所的多种纪律规定,亚文化的环境(milieu)构建在合法的沟通之下。亚文化在监视和规避监视之间的空间形成,它把遭人审查的事实转变为受人注视的乐趣。它在光下隐藏自己。"①

而与20世纪60、70年代不同的是,21世纪以来的网络化环境已经使得亚文化群体得以通过这种"展示"、这种与外部力量合力缔造的文化产业收获用以增强自身实力的各种资本。因此,一种贯穿着文化、资本和消费者注意力的经济产业模型就搭建了起来:亚文化群体向大众文化市场出售其亚文化资本;商业机构和大众媒介出于逐利目的积极推动这一消费市场的形成;获益的亚文化群体则得以推动自身亚文化资本的再生产。此处亚文化资本再生产的重要性在于其在理论上仅仅"建立在那些'内行人'所特有的知识上;一旦每个人都拥有了那项知识,它也就不再值得拥有了"②。因此,在"整个亚文化产业都在搜集这种知识并把它传递给大众消费者"的情况下,亚文化群体就必须保持自身充分向内挖掘潜力的节奏。在此,本书提出的文化衍替与文化疏离就得以密切地勾连起来:前者以亚文化产业为基础向大众文化出售亚文化资本,后者则作为生产基地源源不断地提供着这样的东西——网络语言、"屌丝"文化、"弹幕"视频都是其中的代表。

罗伯茨在此归结了两种亚文化资本的积累形式,而它们分别属于空间和时间维度。前者是"完全在西方资本主义现代性之外寻找另外的选择……从这个角度看,任何非西方、非现代

---

① 苏茜·奥布莱恩,伊莫瑞·西泽曼.大众文化中的亚文化和反文化[G]//陶东风,胡疆锋.亚文化读本.北京:北京大学出版社,2011:54.
② 马丁·罗伯茨.全球性地下文化札记:亚文化和全球化[G]//陶东风,胡疆锋.亚文化读本.北京:北京大学出版社,2011:404.

(或更理想地,两者结合)的人或事都是值得向往的('酷')"①。以这样的视角,中国的"亚文化产业"也许可以引入台湾女学者刘绍华在《我的凉山兄弟:毒品、艾滋与流动青年》一书中所研究的彝族诺苏青年文化,因为这里的青年群体在过去数十年中一直习惯于"流动到成都等大都市……'心安理得'地参与盗窃、抢劫等违法活动,并由此带来囹圄生涯。而吊诡的是,这反而成为他们回乡后得以炫耀的'亚文化资本'"②。后者则以罗伯茨在考察中发现的日本原宿地区街头部落对亚文化风格的建构特征为例,即为了应对"亚文化风格往往在刚刚出现后就马上会被俘获并市场化"的情形,亚文化群体可以选择一种"持续性的自我更新"来保障亚文化资本的旺盛。罗伯茨认为:"从这个意义上说,亚文化的边界不是空间上的而是时间上的——以力保总是领先于文化产业一步为目的。"③

如果从亚文化产业的角度来审视"越狱"亚文化,那么重心就是"越狱"群体是否能够持续地拿出亚文化资本与商业资本进行交换。而如前所述,商业机构看重的并非普通风格元素,而是最具有现实价值的亚文化产出物——对于 iPhone "越狱"群体来说,那就是不断更新换代的"越狱"工具(包含附属工具)。这里的脉络大体是这样的:

- 亚文化群体与商业机构签署销售"越狱"工具的协议。
- 亚文化群体致力开发最新"越狱"工具,随后售卖给商

> 罗伯茨认为:"从这个意义上说,亚文化的边界不是空间上的而是时间上的——以力保总是领先于文化产业一步为目的。"

---

① 马丁·罗伯茨.全球性地下文化札记:亚文化和全球化[G]//陶东风,胡疆锋.亚文化读本.北京:北京大学出版社,2011:411.
② 马中红.青年亚文化研究年度报告:2015[G].北京:清华大学出版社,2016:280.
③ 马丁·罗伯茨.全球性地下文化札记:亚文化和全球化[G]//陶东风,胡疆锋.亚文化读本.北京:北京大学出版社,2011:411.

业机构，获得自身发展再生产的资金。

● 商业机构负责将这些工具包装并推广销售给需要对iPhone进行"越狱"的消费者，并以此谋利。

但是这个模式在现实的具体运营中，至少在中西方遇到的情形是不一样的。在欧美国家，由于"越狱"黑客普遍是实现了财务自由的高级程序员，崇尚黑客文化理念，奉行礼物经济学，因此西方"越狱"亚文化群体普遍不接受将"越狱"工具进行商业化售卖的做法。与此同时，iPhone"越狱"之所以被美国法律部门认定为合法，之所以没有被苹果公司穷追猛打，也是因为"越狱"工具只是"出于技术研究交流而非商业化销售"目的而研发的。

中国黑客本来由于和世界同行交流较少，更多的是独自发展等原因，在技术实力上比欧美黑客稍逊一筹，然而在"越狱"技术的研发上，他们成为后起之秀，涌现出"盘古""太极"这样的世界知名团队，自然也吸引了商业机构的目光。但是，上述法律问题是可以跨越国界发展的。即便中国尚无对研发 iPhone"越狱"工具是否违法的法律规定，如果黑客将之进行商业性销售，那么苹果公司也一样可以发起越洋官司。这正如早些年微软公司通过诉讼使得中国的 Windows 盗版团体"番茄花园"被一举歼灭那样。

鉴于以上情形，商业机构在中国想到了新的规避方法：iPhone"越狱"工具固然不方便售卖，但通过它捆绑第三方软件，就可以借"卖流量""卖市场"的方式向第三方软件厂商收钱。这种模式已然在中国版"越狱"工具的使用中成了现实。典型情境就是"越狱"工具与"XX 助手"的配合推出。这些"助手"在功能上可以替代 Cydia。它们也许不像 Cydia 那样具有丰沛的资源，但是具有中文界面，下载响应迅速，还附加了诸如"硬件体检""一键备份"等贴心功能，因此受到了国内用户的认可和欢迎。但与此同时，这样的做法受到了欧美"越狱"社区中黑客的批评。

然而无论哪一种"助手"，它们对用户也是完全免费的。这些第三方厂商一边为自家软件被预置进"越狱"工具付费，一边又不向用户收费。这是为什么呢？原因在于他们看重的是更为长久的利益——通过免费使用占领用户手机终端，通过长期磨合培育忠实用户，随后再通过各种方式（包括同样的"卖流量""卖市场"）从中赚取利润。①

这种形式的亚文化产业对普通使用者来说会有怎样的感受呢？我们的受访者Z、Y同样发表了他们的观点：

问：你们对国产"越狱"工具附加第三方"XX助手"怎么看？

Z：给予理解吧，毕竟"越狱"团队也要赚钱生存的。软件都免费使用了，装个"助手"又能怎么样。不喜欢的话，"越狱"过后把它删掉，自己再重新装Cydia就行了。但事实上我个人觉得"XX助手"还是挺不错的。国产软件的一个好处就是特别针对"中国国情"及绝大部分用户是"小白"等现状设计贴心功能，比如"一键体检""一键备份"之类的。Cydia就没有，它就是一个市场，你需要在那里面去找对应的软件。

Y：我觉得那些"XX助手"很好啊。我以前也用过Cydia，每次打开都要花好长时间去更新"源"。在操作、搜索、反应速度上，国产"XX助手""完

---

① 比如在培育成熟的社区中打广告，或者在免费的界面上推出付费铃声、主题等资源的下载等。

爆"Cydia。而且，我偷偷说一句"小白"观点，"XX助手"还可以"免费下正版"。这点太吸引"小白"啦。虽然有时手机装了"XX助手"会闪退，但再用一下防闪退工具就好了。我不知道这种"免费下正版"在技术上是怎么实现的。据说"XX助手"是App Store大客户，可以自己下了分发给N多人，但谁知道真假呢。反正普通用户能爽就是了。用Cydia找起东西来太麻烦……

> iPhone"越狱"亚文化与黑客亚文化存在着千丝万缕的联系，同时由于参与者具有较大的网络技术优势，因此在一定程度上存在着与主文化走向关系激化的可能。

总的来说，当代中国的亚文化是一种抵抗性消退、娱乐性凸显的趣缘文化，但是由于亚文化内部的次生种类繁多，并不是每一种都可以非常妥帖地符合这一描述。有一些亚文化（如丧文化）可能更加接近负文化，有一些亚文化（如黑客文化）则可能存在转向反文化的因子（至少在技术上具备这样的条件）。iPhone"越狱"亚文化与黑客亚文化存在着千丝万缕的联系，同时由于参与者具有较大的网络技术优势，因此在一定程度上存在着与主文化走向关系激化的可能。

在根据文化对抗、文化疏离、文化衍替对亚文化进行分析后，我们可以发现，iPhone"越狱"亚文化至少在当前是偏重文化对抗概念的，因为"越狱"是一种具有强大技术要求的活动，而掌握这一技术的少数群体（事实上就是黑客）可以在网络上发挥巨大的能量，甚至一个人的战斗力或者破坏力可能比成百上千普通人的还要强。即便不谈喜好入侵破坏的骇客，那么仅以黑客而言，"利维"的黑客文化精神中也有"怀疑权威，推动分权"之类的描述，而这显然不是主文化群体喜闻乐见的思想。

但是，新的时代条件正在从技术层面整体削弱亚文化群体的文化对抗能力。其中一个非常重要的改变就是专业性亚文平台的出现——多年以前，亚文化群体没有明显的聚集地，即便是同一种亚文化群体，也可能四散在诸多的个人网站、BBS或邮件讨论组中。这虽然对亚文化发展壮大不利，但事实上为亚文化较少、较为不易受到主文化管控提供了便利。而随着软硬件技术的进步，特别是光纤宽带、5G手机的普及，亚文化平台开始了一轮又一轮的聚合兼并，最后导致单一亚文化总是体现在少数几个寡头级平台（例如"越狱"亚文化所在的威锋网论坛）当中。

与此同时，网站也在向手机App应用转化（尽管它依然存在，但正在逐步让出首要上网入口的地位），而App应用与网站的最大不同是强化了对用户信息的索取需求。注册一个App一般需要手机认证，随后还需要授予App获取用户所在地址、读取用户通讯录和通话记录等高度涉及隐私的信息的权利，并且手机号本身也是经过实名认证的，这使得在App上活动的用户，对信息管理者而言事实上处于一个高度透明而可控的状态。在这种情况下，一类亚文化群体试图更为强烈地提升其文化对抗属性，就会比以往更快地受到来自主文化的管束。

在新的时代条件下，适合所有亚文化群体的长期健康发展之路是，尽可能减少自身体内文化对抗、文化疏离等因子的含量，而以各种方式增加与主文化接触、沟通及进行文化衍替的尝试。文化衍替在形式上与伯明翰学派描述的"收编"很接近，两者都是自身风格元素被主文化吸收采用，但是两者又是有巨大差异的。"收编"意味着一种亚文化在灵魂层面的消亡，而主文化吸收采用的只是其不再具有文化价值理念的风格元素本身。例如嘻哈音乐原本是美国黑人青年用以控诉白人主文化的艺术形式，而在它被"收编"后，同样的旋律中再也没有了愤怒和粗口，它也转变为一种单纯的饶舌逗乐形式。时间一长，后辈青年甚至根本就不知道嘻哈音乐原本富有的斗争性。但是文化衍替与此不同。亚文化进行文化衍替并将自身风格理念注入主文化是一种能动行为，非但不伴随自身的消亡，甚至在试图通过主文化对这些理念的接受使得自身更加壮大。

对于 iPhone "越狱" 亚文化群体来说，技术显然是不可或缺的文化属性，但是他们可以设法将技术运用到更趋于文化衍替而非文化对抗、文化疏离的层面。比如，类似 "太极" "盘古" 这样的团队通过技术实力赢得国外同行的尊重，就是一条可取之道。当今世界，互联网的重要性正在日甚一日地表现出来。互联网并非夜光轮胎或防水烟斗那样的小众黑科技，而是代表着人类文明的发展方向。"在社会层面和世界范畴内，媒介网络、社会网络和经济网络已经蔓延到世界的各个角落，世界已经真正地建立了全球联系。""在发达国家，几乎所有组织都建立在电话和计算机的网络上。当它们崩溃了，组织就停止运作了。"① 在这种情况下，努力提升群体成员的技术媒介素养，把技术优势发扬光大，并将其运用到了解、精熟 iPhone 技术架构等层面，为国家培养更多技术人才，是一种更为可取的思路，也是更加能够得到主文化认同和扶持的道路。

---

① 简·梵·迪克. 网络社会：新媒体的社会层面 [M]. 2 版. 蔡静，译. 北京：清华大学出版社，2014：2.

苹果公司以不断吸纳"越狱"技术文化闪光点的做法，逐渐弱化"越狱"群体的存在感。然而"老兵"不死，他们只是逐渐凋零。当我们用上更加人性化的iPhone时，请不要忘记在它背后有无数黑客的执着奋斗。

"越狱"，走向何方

大约在2016年前后，全球范围内的iPhone"越狱"活动开始进入低谷。导致这一情况的原因主要包括以下几个方面。

首先，苹果公司对iOS的不断优化，并且乐意倾听消费者在功能改进上的呼声，使得iPhone的功能日益完善。这就在很大程度上对iPhone"越狱"群体的金字塔塔基起到了釜底抽薪的瓦解作用。仅以中国用户群体而论，简单地说，iOS 7支持九宫格输入法、iOS 8支持来电归属地显示、iOS 10支持标记陌生骚扰电话等，这些进步一次次地降低了"越狱"爱好者的忠诚度。

其次，iOS在完善服务功能的同时，也在不断完善自身的安全机制。这使得黑客们寻找漏洞来制作"越狱"工具的难度与日俱增。正如"盘古"团队的韩争光所说，"缓解机制"等新技术的加入，使得仅靠发现单一代码漏洞来实现"越狱"变得非常困难。难度的增大使得研发"越狱"工具日益成为一种小众硬核游戏，最终导致只有极少数最有意志力的黑客精英还能够持之以恒地进行探索。这就让"越狱"社区的人气一天天衰退下去了。

此外，"越狱"技术文化的式微，还与苹果公司直接向黑客精英们伸出橄榄枝有关。"高薪聘请入伙"及"高价收购漏洞"是苹果公司向黑客掷出的两项极具诱惑力的条件。前文已经提到，在早期"越狱"工具开发上极具名气的黑客Comex，就接受了到苹果公司担任实习生的邀约。另一名曾经把苹果、索尼等大公司的硬件"破解"得"体无完肤"的黑客霍兹，也被脸书公司"招安"了。在iOS漏洞修复方面，苹果公司曾经对依靠自身程序员技术能力进行修复信心满满，但是在接二连三遭遇"新版iOS刚发布不久就遭到'越狱'"情况后，终于开始放下高傲的头颅，转而推行"iOS漏洞赏金计划"，以最高150万美元的酬金引诱黑客把最新发现转让给自己而不是

"越狱"社区。而这一切都是为了实现"打造更好的 iPhone"这个伟大目标。

更好的 iPhone

iPhone"越狱"社区的用户——无论黑客还是普通"越狱"爱好者,首先都是 iPhone 的忠实用户。他们要对 iPhone 进行"越狱"的目的不是破坏它,而是打造"更好的 iPhone"——也就是说,他们认为苹果公司正在刻意压抑自家产品,使得它无法展现出更为诱人的吸引力来。而他们现在所做的就是为了解放 iPhone。

在 iPhone 所有的问题中,广受诟病的就是整个 iOS 系统的封闭性,它表现在:

(1)系统底层文件并不能够被访问,甚至连查看目录也不行。

(2)系统以安全、防止隐私泄露为名,拒绝了很多在用户(特别是习惯了开放性极高的安卓系统的用户)看来非常实用的功能。

(3)系统的应用只能在苹果自家的 App Store 市场中选择安装,但很多应用价格不菲,而且对非欧美用户来说,由于没有国际信用卡,支付不便。

因此,"Free"这面大旗下就聚集起了广大"越狱"爱好者组成的大军。

iPhone"越狱"这一文化圈层内部对于"Free"的解读大致可以分为两个阶段。

在第一个阶段,接触与开发"越狱"技术的大多是具备精湛专业技能的黑客。他们无法忍受一台连壁纸都无法更换的 iPhone 及那糟糕的操作系统,从而秉承着黑客精神和"利维原则反抗苹果公司的刻意限制——"Free"理念中的"自由"向度正是这一群体的灵魂所在,这一文化内涵甚至可以被视为以霍兹、杰·弗里曼等人为代表的全球"越狱"精英的共同追求。

霍兹等人的"越狱"工具为用户挣脱 iOS 的束缚打开了一扇门,杰·弗里曼的 Cydia 则为这些"流浪在 iOS 襁褓之外的设备"提供了新的庇护所。正因为如此,当杰·弗里曼被记者问到 Cydia 是否成了那些被苹果拒绝的应用的聚集之地时,他不假思索地回答:"Cydia 欢迎那些无法上架的应用程序。"

在第二个阶段,伴随着形形色色的技术爱好者甚至普通用户的涌入,"越狱"社区和相关工具变得越来越热火,但是由于追求和境界不同,大量冲着"免费"而来的"越狱"爱好者,逐渐对"Free"的内涵进行了置换——在这些为数众多的新人看来,随意支配手中 iPhone 的自由感固然重要,但免费获得大量资源,随意安装苹果应用商店中本来收费高昂的 App 对他们来说更具诱惑力。也正因为如此,他们凝聚起了"越狱"的行动力,甘冒"无限白菊花""变砖""不再享受质保"等"越狱"风险,一次次地进行尝试。虽然并不排除有少部分人借此机会钻研技术,最终实现了向黑客层面的转化,但是可以说,大部分底层"越狱"爱好者自始至终徘徊在"追求免费福利"的物质层面,并且这样的人对"越狱"社区的贡献与忠诚度并不高——有利益时就积极参与,有风险时就逡巡不前,一旦 iOS 发展完善,他们就迅速改换门庭投入其怀抱。

然而,这些技术能力差、忠诚度摇摆的"小白"型"越狱"爱好者的重要作用仍然不可忽视,因为他们在整体上形成了"越狱"社区向外扩张、增强影响力的团队与人气基础。因此,在这种"互相需要"的情况下,"越狱"社区就被搭建并运行起来了。"越狱"爱好者们在由各种论坛、邮件组、聊天群所组成的形形色色的"越狱"社区中团聚，充分交换最新"越狱"技术和"福利资源"。虽然整体技术不高，但是"越狱"爱好者群体仍是极为活跃的。以威锋网论坛为例，稍一翻阅，"经验帖""工具链接""事后感喟"等帖子层出不穷，随时随地可以发现"越狱"爱好者们学习技巧、分享经验、交流心得的图文现场。

这一交流过程同时也是"越狱"爱好者们实现自我身份确立和相互认同的过程，因而在交流过程中他们逐渐发展出了一整套关于"越狱"技术的使用方法和话语方式，并从整体上"符号风格化"或"资本化"，形成了一种亚文化。这一点从与受访者 F 的对话中也能探知一二。虽然他受限于自己技术认知和能力的短板并未在相关论坛上发言，但在被问及是否会定期去看论坛上的内容，了解、学习一下"越狱"相关的经验与技巧时，他的回答是肯定的，以至于到后期 F 自己就掌握了"越狱"的基本技术。

亚文化是从一个文化整体里孕育出来的，既与整体文化有一致性，又有其特殊性。这种积极、活跃的文化成分会成为一股驱使主文化不断反省自身、调整自身、改变自身的力量。而以"越狱"为核心、以"Free"为向度的亚文化形态及与其相应而生的以"越狱"爱好者为代表的亚文化群体，实际上包含了这种积极的、活跃的、有创造性的文化成分。

从严格意义上来说，黑客们开发"越狱"工具，使得"越狱"后的 iPhone 可以通过 Cydia 等第三方平台安装应用，非常明显地损害了苹果公司在应用销售层面的商业利益。早在 2011 年就有 IT 界人士指出，按照最保守的估算，苹果公司每年因为产品被"越狱"而损失的金额超过 1 亿美元。再退一步讲，如果说直接的利益损失对于始终保持硬件销售高利润的苹果公司只是"九牛一毛"的话，那么更为严重的是诸如 Cydia

一类的"越狱"工具间接地削弱了以 App Store 为核心的应用商店,以及随内容生态而来的强大黏性对于硬件销售的促进作用。杰·弗里曼在回答网友提出的问题"苹果为什么要反对'越狱'"时是这样解释的:"苹果想要控制生态系统以及开发者。他们想要确保用户获得可信任的良好体验之后,会更乐意购买全新的硬件产品。"①

为了遏制"越狱",苹果公司曾经将制造"越狱"工具的黑客们告上法庭。公司发言人娜塔莉·克丽丝曾经代表官方表态:破解行为会降低 iPhone 的稳定性,导致 iPhone 无法正常使用。② 但是在法律控诉遭到官方否认之后,苹果公司取消了这类(站在亚文化立场)可能推动"越狱"群体走向激进报复(反文化),甚至导致公司内部同样对黑客精神心存敬仰的程序员们心寒发冷的措施,开始改用以自身革新为核心的怀柔政策,其立场包括两项:

(1)只要 iOS 的应用优化足够好,普通用户就不会被吸引去进行"越狱"。

(2)只要 iOS 的安全优化足够好,黑客们就不容易找到漏洞实现"越狱"。

为此,苹果公司开始在每一版新发布的 iOS 系统中都集成一些旧版本(已经可被"越狱"的版本)无法具备的新功能,同时对外宣告"'越狱'设备将无法再享受质保",以"吸引"加"警示"的两手政策,推动普通用户远离"越狱",重新投入 iOS 怀抱。

苹果公司在这里对 iOS 特别是 App Store 的更新主要包括

---

① 同步推.越狱社区领袖级人物:听听 Cydia 之父谈越狱[EB/OL].(2016-09-01)[2020-09-18].https://www.sohu.com/a/113214639_118086.

② 搜狐IT.纽约时报:iPhone 破解流行 非法软件令苹果震怒[EB/OL].(2009-05-13)[2020-09-18].https://it.sohu.com/20090513/n263938660.shtml.

以下几点：

（1）提供更多被允许上架的应用类型，而不是确立苛刻的审核标准。

（2）设置更为透明的审核标准，而不是进行暗箱操作后简单宣布禁止名单。

（3）更倾向于开发人员的分成比例重整。

（4）提供更快捷、丰富因而便利全球用户的支付手段。

苹果公司对其中诸多内容做出了响应，比如：在分成比例上，2016年开始由一贯的抽取30％，变为仅第一年抽取30％，第二年起则仅抽取15％；① 在支付手段上，继续为中国网民带来好消息，即2016年11月，App Store接纳支付宝付款，而在2017年8月，另一项中国主流网络支付方式微信支付也被接纳。支付的便利性往往可能改变用户的消费习惯，因此当App Store可以直接通过支付宝、微信支付来付款时，就有可能推动大量不太"介意"为正版付费的中国用户解囊，并在此过程中离开"越狱"爱好者群体。

为此我们再次采访Y和Z两位用户，倾听他们对此的看法。

Y：说实话我付费购买iPhone应用不多，因为在无论"一键越狱"还是"XX助手"都能够提供免费应用的前提下，特意去花钱买应用，我好像还没有那么高的觉悟。但是，我还是有两点可以谈。第一，我确实买过一个应用，那是个很小众的图片浏览器，其中有个随意拼贴的功能很吸引我。但是这个应用太小

---

① 游戏陀螺. App Store重大调整：竞价广告试水 分成比例降低[EB/OL]. (2016-06-09)[2020-09-18]. https://ent.163.com/game/16/0609/10/BP447CCS00314OSE.html.

众了,"XX助手"的市场里没有。那个时候App Store还不支持支付宝和微信。我是在淘宝上买的。做这行的掌柜都有海外信用卡,他从App Store里买下给我,然后我按照美元汇率给他人民币。第二,我想说的是,支付宝和微信的接入肯定能够方便一大批人去购买正版。因为"XX助手"的应用你也看到了,装了以后就必须通过它的界面升级,而且保不准会有闪退。如果同样的应用在App Store里不是很贵,我想即便是我也会考虑付费的。但我还是要重申一下"不能很贵"。让我出几十美元买一个程序,我是真心不舍得的。

Z:App Store接入支付宝和微信肯定是好事。现在中国消费市场潜力巨大。支付宝和微信又是中国最主流的网络支付手段。App Store和它们俩合作我觉得不是App Store放下身段,而是三方彼此吸引。对于我来说,安装免费应用不是我"越狱"的首要目的,事实上在我的iPhone里,自己装的应用很有限,不超过30个,大部分是从Cydia里下载的。有的应用比较小众,遵循的是Copyleft法则,不收钱,但你若喜欢,就可以给作者捐助(Donate,类似我们说的打赏);有的应用可以用来替代需要收费的商业应用,特别是各种播放器、阅读器,都有免费且强大的功能。但是我也认为,App Store接受支付宝和微信支付是一件大好事,它可以让很多用户得到更方便购买正版的机会——有的时候用户不一定是为求免费才"越狱"的,他们也许只是觉得付费太不方便了。我觉得它还可以促成"越狱"爱好者群体的"净化"——是的,我就是这个意思。单纯为了免费而

"越狱"的人，也许可以算成"越狱"技术（特别是其结果）的爱好者，但不能算成"越狱"文化的爱好者。把这些用户从"越狱"爱好者群体中剥离出去，也许正有利于这个群体自身的净化。你不是说亚文化本身应该是一个小众形式吗？只抱着免费目的而求"越狱"的用户太多了。他们会让亚文化变质的吧。

在应对黑客方面，提高 iOS "越狱"难度，引诱"越狱"黑客为自己工作及高价收购 iOS 漏洞同样构成了苹果公司的"胡萝卜加大棒"组合拳。这里稍微详细地说一下最后一点。要知道，在乔布斯掌权时期，苹果公司对外部黑客的"越狱"活动更多的是采取"怒怼"方式。这在很大程度上与乔布斯个人不容挑衅的性格有关。在此环境下，苹果公司当然也不可能做出"主动向黑客购买 iOS 漏洞"这种折节的事。这导致被发现的 iOS 漏洞即便不进入"越狱"社区被无偿地用于制作"越狱"工具，也只会流入第三方怀有其他企图的技术团队手中。例如，自称为安全机构的 Zerodium 和 Grugq 都是在"野生 iOS 漏洞买卖市场"上名气响亮的存在。①②

但是在库克上任后，这方面的情况得到了很大改善。库克作为职业经理人而非创业者，就不那么在乎向黑客精英们俯首展示温柔了。在他的任期内，苹果公司正式出台了"iOS 漏洞赏金计划"，表示任何在 iOS、macOS、tvOS、watchOS 或 iCloud 中发现错误的安全研究人员都可以通过向苹果公司披露

---

① 威锋网. iOS 漏洞可卖天价：OS X 漏洞只值 3 万美元[EB/OL].(2015-11-24)[2020-09-18]. http://news.zol.com.cn/553/5535795.html.

② 雷锋网. 向苹果出售一个 iOS 漏洞，黑客获利 25 万美金[EB/OL].(2012-03-24)[2020-09-18]. https://www.leiphone.com/news/201406/one-ios-exploit-25th-dollar.html.

漏洞来获得高额的现金奖励。苹果公司会依据安全漏洞的性质（评判标准基于开发链的复杂性和严重性）将赏金的上限从每个漏洞 20 万美元提高到 100 万美元。①

图 4-1　盘古官网上赫然标记着对 iOS 的最高支持版本

此类方案的出台，确实对瓦解"越狱"黑客的积极性起到了一定的作用。有传言表示，中国的"盘古"团队在开发出 iOS 9 系列"越狱"工具（图 4-1）后就不再推出新款，一个可能性是他们把发现的 iOS 10 漏洞卖给了苹果。② 此事虽然后来被辟谣，但是"盘古"团队在 iOS 9 以后就沉寂至今是不争的事实。

在"越狱"黑客与苹果公司"神仙打架"的环境下，普通"越狱"爱好者们是如何选择的呢？一部分已经尝到"越狱"甜头（主要是免费）的爱好者并不甘心轻易被苹果的甜言蜜语"收编"，因此他们不约而同地开启了"骑墙"模式：出于经济利益考虑，他们不会在新版 iOS 推出的第一时间选择升级自己手中的 iPhone，而是等待着某家黑客组织率先发布有针对性的"越狱"工具，哪怕是"非完美"工具也好——只有这样的工具出现，他们才会选择升级，以便达到"既享受新版功能，又可以继续免费使用"的目标。

---

① 果粉之家. 苹果全面启动漏洞赏金计划：最高赏金 150 万美元[EB/OL]. (2019-12-21)[2020-09-18]. https://www.sohu.com/a/361892461_222118.

② 电子发烧友. iOS 10.3.1 最新消息：盘古把漏洞卖给苹果了，iOS 10.3.1 越狱无望？[EB/OL]. (2017-05-16)[2020-09-19]. http://m.elecfans.com/article/516527.html.

而与此同时，在 iOS 系统已经越来越难破解的环境下，少数仍旧选择坚持研究"越狱"的黑客群体之间依然开展着速度竞赛。他们完全知道"越狱"社区已经日渐式微，开发出的"越狱"工具使用市场也不像以前那么大了，但是由于苹果公司及 iPhone 的巨大知名度，因此抢在所有人之前发布"完美越狱工具"仍然是一项非常显赫的荣耀。对于这些基本上已经实现了财务自由、更崇尚礼物经济、更重视群体内部亚文化资本积累的黑客精英来说，"破解"iOS 甚至成为一项可以与获得奥斯卡、格莱美、菲尔茨等行业大奖相提并论的荣誉。因此，他们乐意投入精力，并期待工具一经发布就能为自己积累巨大的知名度。

"越狱"工具的争议

前面提到，很多参与"越狱"软件开发的黑客，都是在基于财富自由的基础上，谨守黑客文化精神，抱着为多数人提供"Free"的理念开展工作的。但是，黑客也并非圣贤，或者说即便一个人品德高尚，整个团队也需要解决生存问题。在这种情况下，利用"越狱"工具进行赢利成了不时出现的情况，其中一些团队就受到了来自其他同行的非议。但是，"越狱"团队也会对此给出自己比较贴合实际的解释说明，使得这些稍稍带有亚文化产业色彩的行为，究竟在是非的尺度上偏向哪一边，成了一个带有争议的问题。

这里以国人熟悉并引以为傲的"盘古越狱"和"太极越狱"工具为例做一些说明。在初始版本的"越狱"工具中，它们同样引入了 Cydia 这样全球通用的平台。但是，在名声变大以后，它们开始在"越狱"工具中引入国内的第三方"XX 助手"来取代 Cydia——有关这一点的合作是完全公开的，在

"越狱"工具的主界面上就有非常明确地说明。"盘古越狱"工具捆绑的是"PP助手",而"太极越狱"工具先后捆绑过"太极助手"和"3K助手"(图4-2)。

图4-2　"太极越狱"官网截图

无论"太极"团队还是"盘古"团队,都对这种捆绑行为予以了承认,并给出了解释。在"太极"团队方面,与之合作的evad3rs团队[①]发表的公开信中给出了这样的信息:

>　　"太极助手"这款应用是中国地区的一款第三方应用程序商店。我们最初相信它是专门为中国地区的用户量身打造,并且符合中国用户的使用习惯的。而我们认为在"越狱"的过程中,用户不会"被迫"安装"太极助手",同时依然可以选择安装Cydia商店,来代替"太极助手"……"太极助手"团队从未要求我们向他们透露"越狱"漏洞细节,更谈不上出售发现的漏洞了。他们只是要求在中国用户的"越狱"工具中绑定他们的第三方应用商店,就像我们在全球版

---

①　evad3rs是2013年1月25日成立的一个专门攻克iOS 6的苹果iOS"越狱"黑客团队。iOS 6"完美越狱"已经完成,只是要等待苹果发布iOS 6.1后才能推出。"越狱"大神pod2g突然在推特上宣布,自己将与Dev-Team团队的MuscleNerd("肌肉男")、Chronic-Dev("绿毒")团队的pimskeks和华裔美国人planetbeing(David Wang 王大卫)组成新团队evad3rs。北京时间2月5日,evad3rs团队开发的iOS 6"越狱"工具evasi0n v1.0正式发布。

本内绑定 Cydia 商店那样。在之前的 iOS 系统"越狱"工具中，同样有绑定非 Cydia 第三方应用商店的情况出现，比如 blackra1n 黑雨。①

（略有改动）

"盘古"团队对捆绑行为的解释则是：

由于 iOS 8 系统的诸多改变，Cydia 及依赖 Substrate 框架的许多插件都无法在 iOS 8 下使用。因此我们在 1.0 版本的"越狱"中提供了开发者所需要的一些基础环境及 SSH 等插件，方便 Cydia 作者及其他开发者能尽快针对 iOS 8 修改他们的代码。当 Cydia 作者完成兼容后，我们会发布更新来集成 Cydia。所以，"盘古越狱"（iOS 8）的 1.0 版本严格来说是为"越狱"开发者准备的版本。由于"越狱"存在生命周期，苹果在何时会封堵漏洞无法得知，因此你也可以先"越狱"，等 Cydia 完成兼容后，就可以通过手机上的"盘古"App 来下载安装 Cydia，或者通过 SSH 等途径也可以安装。此外，"PP 助手""越狱"版也能完美兼容 iOS 8 系统，方便用户下载并安装软件。②

（略有改动）

总的来说，无论"太极"团队还是"盘古"团队，都强调第三方"XX 助手"并不是用来强行取代 Cydia 的。换言之，

---

① 徐萧梓丞. iOS 7 越狱"太极助手"风波 官方给出最新解释［EB/OL］. (2013-12-23)［2020-09-19］. https://digi.tech.qq.com/a/20131223/009931.htm.

② 游资网. 盘古越狱 for iOS 8 正式发布，捆绑 PP 助手［EB/OL］. (2014-10-23)［2020-09-19］. http://www.gameres.com/296695.html.

用户完全可以在完成"越狱"后删掉它们，并且自行重新装上Cydia。

那么问题来了，为什么不直接默认使用Cydia而要大费周折，强行让用户先装上这些第三方"助手"工具呢？"盘古"团队表示是为了"赶时间"——当我们要推出"越狱"工具的时候，Cydia的版本还不能兼容新的iOS。而在"太极"团队方面，虽然他们并没有明确回答，但作为合作者的evad3rs团队似乎不小心泄了密。他们在前文提及的声明中直接表示："是的，我们的确通过'越狱'得到了经济上的利益，就和'越狱'社区的其他人一样，包括插件开发者等。我们发布的所有'越狱'（工具）对用户都将是免费的，但是我们相信我们有权利通过其他方式获得补偿……"

这样问题就转到了另一个方面，即各种第三方"助手"为什么要想尽办法把自己添加进"越狱"工具中呢？从前文对Z和Y的访谈中可以知道，第三方"助手"的理想用户就是Y这样虽然不太懂技术，但仍愿意进行"越狱"，从而在面对"太极""盘古"的"一键越狱"工具时能够全盘接受（很重要的就是接受这些第三方"助手"）的人，因为事实上，由于资源寻觅和操作的麻烦，在完成"越狱"并且第三方"助手"能够为用户提供满意使用功能的前提下，特意把它们删掉而去改装Cydia的人只是少数。因此，第三方"助手"把自己捆绑在"越狱"工具中是为了增加装机量。其竞争对手其实并非国际通用的Cydia应用，而是这些第三方"助手"本身。

下面我们不妨来盘点一下这些第三方"助手"。比较知名的至少包括"PP助手""太极助手""兔兔助手""3K助手""91助手""爱思助手""海马助手""熊猫助手""XY助手"……这些"助手"除了界面有所区别之外，在功能上可谓大同小异：除了提供传统的"越狱"相关功能（比如备份

SHSH、修复 iTunes、访问根目录文件）之外，还可以管理照片和通讯录，当然最为诱人的功能无疑是在联网方式下提供那些在 App Store 里需要花上若干美金才能下载到的正版应用的"免费版"。坦率地说，这正是绝大部分 iPhone 用户选择将手机"越狱"的原因。

而这些"助手"，只要做出一点名气，就纷纷被更大的商业公司收购。比如"PP 助手"被 UC 公司收购，"91 助手"被百度收购，"爱思助手"被天神互动收购，至于"太极助手"背后的金主也被确认为"快用苹果助手"的运营公司……被收购后的"助手"们有了更多的资金和野心，而它们进行比拼的第一战场就是用户的屏幕界面。在这方面，还有什么方法会比把自己捆绑在"越狱"工具里，随着"越狱"进程被自动安装进用户手机更为高效呢？

分析到此，一个问题自然浮现出来。无论"太极""盘古"团队也好，还是数目众多的第三方"助手"也好，它们在商业领域的所作所为都和"越狱"亚文化究竟有着怎样的关联呢？根据我们在作为研究基地的威锋网论坛中的搜索，我们并没有发现这两个开发团队与威锋网论坛之间有任何直接的互动，而对 Z 和 Y 的采访也间接证明了这一点。但是这并不会影响"越狱"亚文化群体与商业势力进行合作乃至缔造亚文化产业这一命题的成立，至多只是群体规模可能会比我们预料的要小一些——简单地说，即合作对象将仅以"越狱"工具开发者（黑客精英）为主，而不包括类似威锋网论坛会员那样的粉丝"长尾"。因此，下面我们就以"太极"团队为例，来对其亚文化商业行为进行分析。

"太极"工具的研发是核心成员 XN 与美国黑客团队 evad3rs 充分协作的结果。有关这段历史，XN 的自述如下：

我是"太极"主要的程序员,大约 2001 年起开始与谢雷共事,早先致力开源社区的工作,后参与创立了壁虎科技,埋头于 windows 底层的开发工作。再后来移动互联网来了,我们决心转投这个领域。因为我在底层开发方面有些积累,所以一开头,选择了较为有门槛的苹果渠道。之前有几家公司已经在做"越狱"后的"应用市场"了,但用户安装应用并不方便,等"越狱"也很艰难,所以我开发了"快用苹果助手",第一个找到了不"越狱"安装应用的办法,第一个创造了"闪退修复"这样的标志性功能,第一个实现了手机上的闪退修复。后来的故事了解苹果市场的人都知道,"快用"凭借简洁和独创技术,很快成为第三方苹果市场中的主要竞争者,是 2012 年软件评选中的最佳创新软件。而我转而投身对"越狱"的研究。

今年,在与 evad3rs 的合作交流中,我和我的技术小组取得了很多进步。非常感谢一年来 evad3rs 的无私指点和帮助。以前,evad3rs 发布"越狱"工具时总是捆绑 Cydia,我们商议:这次在中国捆绑一个既能管理源,又能管理 IPA 的工具来取代 Cydia,应该会更符合中国用户的习惯;并且,"太极"不像其他"越狱"市场那样提供盗版的收费应用;同时,由一个中国本地的公司来商业化这个产品,探索可以产生收益的模式。但结果让 evad3rs 和我们一样疑惑,他们也在前几天的声明中表达了这点——不知为何,有一些用户很反对这样的捆绑,就好像捆绑外国的 Cydia 是天经地义,而本国的却不能接受。我不知道是什么原因,也许是国内的有些捆绑做法让人受够了，或是媚洋心理在作怪。我并不想这样揣测反对捆绑"太极"的人，这样的揣测是伤人的，但这是正在发生的事，也是我的真实感受。发生这些事后，我想我仍然会带领团队继续走这条不容易的"越狱"之路，也欢迎和我有一样理想的底层开发者加入我们。①

（略有改动）

与此相关的还有另一份材料，即《太极助手发声明：真没买通 evad3rs 团队》②。从这份来自"太极"团队的自述材料中我们可以读到对以下一些问题的答案：

第一，为何在"越狱"软件中捆绑"太极助手"而不是 Cydia：

为了提升中文用户的操作体验，我们在中国区版本的 iOS 系统中，使用"太极助手"替代 Cydia 成为默认"越狱"程序。因为 Cydia 无法对 iOS 7 的"完美越狱"提供足够的技术支持，甚至没有一个中文界面……"太极助手"在 Cydia 原有功能的基础上做了大量优化，将成为比 Cydia 更优秀的"越狱"必备程序。当前，我们已经实现插件、应用、DEB 及壁纸、铃声的聚合搜索与一键更换，而在未来，我们将做得更多。

（略有改动）

---

① 威锋网. 太极一个程序员写给大家的公开信[EB/OL]. (2014-11-29)[2020-09-19]. https://www.feng.com/post/8651589.

② 鲲鹏. 太极助手发声明：真没买通 evad3rs 团队[EB/OL]. (2013-12-23)[2020-09-19]. http://news.mydrivers.com/1/287/287346.htm.

第二,"太极助手"是否提供盗版 App:

"太极助手"不是盗版集中营。我们不提倡盗版,也拒绝收录盗版。之前服务器的自动抓取机制,导致"太极助手"从国内一些"越狱"市场采集了部分收费"破解"应用和插件,使我们的合作伙伴、国内外开发者与媒体对"太极"产生了误会。对此我们非常遗憾,并郑重向大家道歉。目前排查工作已经开始,我们将尽快下架这些盗版应用。

(略有改动)

第三,"太极"是怎样一个团队:

我们作为一家 100 人左右的技术型团队,没钱雇佣水军、买通媒体,也不懂如何进行市场公关,只能通过自己官方网站发出微弱的声音,来澄清一些事实……

(略有改动)

第四,国内"越狱"市场的赚钱方式及"太极"何以被仇视:

一直以来,国内主流 iOS"越狱"市场的模式是:利用国外团队发布的"越狱"技术,安装第三方应用商店分发盗版应用,再通过广告费用获得收入。这个市场规模之大,从前段时间某巨头 19 亿美金的收购案可窥一二。而拥有独立的 iOS"破解"能力的"太极"团队,加上对 Cydia 进行了大幅优化的"太极助手",在源头上阻断了那些本身没有"越狱"技术、只依赖国外"大神"的"越狱"市场的路子。

(略有改动)

可以说,这是一份相当重要的材料。我们可以从中按照亚文化结构模型来梳理出这样一些线索:

(1)"太极"团队拥有百人左右的队伍,且是以技术人员为主。

(2)"太极"团队开发"太极助手",是为了给用户提供比 Cydia 更方便的工具,同时又不打算用它来赢利。

(3)国内某些"越狱"团队的赢利模式是利用国外团队发布的"越狱"技术,安装第三方应用商店分发盗版应用,再通过广告费用获得收入。

(4)"太极"团队由于斩断了其他"越狱"团队及第三方"助手"工具团队的财路,因而受到了污蔑、中伤。[①]

经过上面的梳理,我们就需要解释另一个问题。如果"太极"团队走的不是国内其他"越狱"团队的商业化道路,那么他们是通过什么方式来赢利的呢?毕竟,这个团队有着百人左右的技术队伍,需要承担比较大的开销,而且也没有证据表明这些程序员如 Linux 全球团队那样在进行公益贡献,也没有证据表明团队是通过接受粉丝众筹资金来运转的。

此时结合前面 evad3rs 团队的声明就可以知晓一二,即"我们的确通过'越狱'得到了经济上的利益……我们发布的所有'越狱'(工具)对用户都将是免费的,但是我们相信我们有权利通过其他方式获得补偿"。这里的"其他方式"如果

---

① 被"太极"团队指为污蔑的传言是,他们的"越狱"工具系用 100 万美元从 evad3rs 处购得,同时又通过捆绑安装"太极助手"来获利。换言之,他们采取了与其他"越狱"团队一模一样的赚钱模式,而非能够出淤泥而不染。

并非捆绑第三方"助手"工具来获得对应商业公司的酬金,那么就只剩下"把自身做大,以获得其他公司的注资收购"了。一个亚文化团队在获得实力雄厚的商业资本"豢养"后,当然就不再需要为自己的生存发愁。"太极助手"的出现有助于"快用苹果助手"在同类型产品竞争中获得领先优势。这或许就是"越狱"亚文化与商业势力得以结合的有效切入点。

尽管商业化的"越狱"并没有把以威锋网论坛用户为代表的为数众多的"越狱"爱好者包含在用户群体内,但是在"注意力经济"视角下,这些基数庞大的"越狱"爱好者在某种程度上正是商业化"越狱"所不可缺乏的潜在用户群体。而通过上一节的分析,我们也可以大体勾勒出这种商业化"越狱"的大致流程:

(1)黑客开发出"越狱"工具。

(2)商业化技术团队以这一工具为核心,捆绑选定的手机"助手",合成"一键越狱"工具,然后免费向"越狱"爱好者们提供。

(3)类似威锋网论坛这样的网络空间,是"一键越狱"工具重要的传播和下载渠道。通过在这类渠道中的推广运作,商业化"越狱"团队尽可能多地收获了在 iPhone 中安装相关手机"助手"的用户。

(4)用户的"装机率"成为转化、计算利润的关键:或者由运营处于商业合作伙伴模式的手机"助手"的公司向"越狱"团队付费;或者由整体收购了"越狱"团队的上级商业公司向"越狱"团队付费。

(5)"越狱"团队在资金收益的支持下,开展新一轮"越狱"工具研发工作。

在此不难看到,整个"越狱"产业商业化的前提是"越狱"有其必要性。本书第二章中所提到的,比如用户迫切需要拥有第三方输入法,而 iOS 迟迟不能具备用户想要的上述功能,延续并加强了这样的必要性。因此,容易想到的是,随着 iOS 的日益优化,大部分用户对"越狱"的兴致会降低,而这将对"越狱"亚文化产业起到釜底抽薪的作用。

然而苹果公司确实在某些技术环节上非常固执。例如,用 iPhone 默认的视频播放器播放某些 mkv 格式的视频时,会出现没有声音的情况。其中的原因仅仅是播放器不能解析其内含的 DTS 音轨,而不能解析的原因是苹果公司没有向其版权方杜比实验室付费。为了解决这个问题,用户不得不安装第三方播放器,但是 App Store 里的免费播放器基本有着同样的问题,因此,用户只有安装付费播放器才能搞定。然而出于不想付费的心理,很多用户就选择"越狱"。在某种程度上,这些零零碎碎的缘由正是撑起整个"越狱"大厦的基石。

此外,"越狱"亚文化产业的发展还受到了一种更为直接的,甚至具有颠覆性的产业的威胁。这种威胁来自某些更为"强悍"的手机"助手"。它们的特点就是宣称"根本无须'越狱',即可让用户随意免费安装各种收费软件"。联系前文 XN 的自述"我开发了'快用苹果助手',第一个找到了不'越狱'安装应用的办法"即可明白,这一原理在技术上已经取得了突破。

某些手机"助手"就以这样的"亮点"吸引用户。有了这种"助手",iPhone 用户根本不用再"越狱",自然不再担心"越狱"失败及失去苹果公司质保等问题,同时又能享受海量正版应用免费装,当然立刻一头扎进了此类软件的怀抱。但由于这样的"助手"并不需要用户进行实质性的"越狱"操作,因此它的流行对"越狱"社区来说肯定是有害的,因为它盗用了"越狱"的精神,却又在动摇真正"越狱"族群的根基。

那么,这样的"助手"工具是如何在技术层面做到这一点的呢？一种解释是"XX助手"利用了苹果在授权设备上的监测漏洞。苹果公司一般允许用户在购买一项应用后，在不超过5台设备上安装。如果用户试图在更多设备上安装，就会触发一项监测机制而不得通过。而"XX助手"可能用技术手段屏蔽了苹果公司的监测机制，从而达到只需要购买一次正版应用就可以分享给所有用户的目的。

通过这种方式装到手机上的正版应用存在一个很大的问题，那就是它们的安装ID（由手机"助手"提供）与用户在App Store里注册的ID是不一致的，由此导致的结果是它们不能进行在线升级（因为这个过程会首先验证ID），同时也不稳定。一个最典型的症状是在手机升级系统或关机重启后应用变成闪退状态（即用户点一下应用，该应用一闪即过，不能进入）。若这些问题不能解决，"助手"工具自然就不能赢得忠实的用户群。

"助手"工具最后提供的解决方案非常有意思，那就是：请用户不要试图通过App Store来升级"从我们这里下载的应用"——如果你想升级，可以等候"我们在自家市场里提供更新版"。于是，用户在使用"XX助手"升级自己的iPhone应用时就会遇到两个选项——升级到App Store正版和升级到"XX助手"正版，而关于这其中的区别，"XX助手"论坛上居然还给出了准官方的解释：升级到App Store正版就是在你的ID购买清单中有这个软件；升级到"XX助手"正版就是更新你自己的ID中没有的软件。

在这里，我们并不想对"助手"工具技术做过分深入的探究。我们关注的重点是，类似"XX助手"这样根本无须"越狱"就让用户得到原本要在"越狱"之后才能得到的福利的工具，会对"越狱"爱好者群体带来怎样的冲击？对此我们的两位受访者也给出了自己的见解：

Y：这点我必须承认很有影响。在没有"XX助手"这种工具的时候，我虽然更多还是依赖不需要高深技巧的"一键越狱"工具，但我的iPhone事实上是经过了"被越狱"这一环节的。我在内心认同自己是"越狱"群体的一分子——无论我在其中的地位是多么的卑微——与外边我那些根本不知"越狱"为何物的朋友们形成了鲜明对比。与此同时，我通过耳闻目睹，多少也了解到一些"越狱"文化，比如那些"大神"的名字、"越狱"工具的名字。特别是国内的"太极""盘古"团队还让我为国人技术力量的崛起振奋了好久。但是在"XX助手"这样的工具出现后，因为它太方便了，又很安全，像我这样的技术"小白"，自然更愿意去使用它。而一旦使用它，就意味着我不用再和"越狱"发生什么关系了。不过威锋网论坛的热度倒没有因为它而降低，因为有关"XX助手"的讨论在论坛里有很多。

Z：这类工具能够在很大程度上分流初级的"越狱"爱好者，因为他们本来就不擅长技术，平时很担心iPhone在"越狱"过程中被弄坏，或者失去隐私防护。现在"XX助手"这样的工具一出来，他们就非常自然地被吸引过去了。但是有着更高技术理解水平和文化追求的"越狱"爱好者对这种工具就是比较不屑的。首先，它提供的只是"免费"，而并不是"自由"——"越狱"能让用户掌控iPhone的底层文件，而"XX助手"是做不到的。其次，"越狱"爱好者往往更愿意在Cydia里寻找小众、有个性、足以取代商业级应用的App。而"XX助手"只是把最热门的那些商业App变成免费App来让用户用，这是令人不齿的，因为它并不是免费分发。用它的 ID 装上 App 后，升级也必须通过它的界面来进行，相当于这个用户被它深度捆绑了。接下来，它可以通过自己的软件界面推送广告、安装插件甚至偷取隐私（这只是假设，我没有证据），而用户几乎没有反抗能力。所以从这一点讲，用户在得到"免费"的同时，也失去了"自由"。

"越狱"社区的衰落

当 iPhone 的 iOS 变得越来越亲民时，大部分"越狱"爱好者的"越狱"初衷已经不需要"越狱"就能实现了，那么对"越狱"爱好者这个群体来说，这必然意味着规模的萎缩，而群体规模一旦萎缩，就可能引发其他方面出现更加严重的危机。2017 年 11 月，Cydia 三大应用源头中的 ZodTTD & MacCiti 源和 ModMyi 源相继宣布关闭，只剩下 BigBoss 源还在苦苦支撑。对于这种变局，Cydia 之父杰·弗里曼表达了一种无可奈何的悲观——对很多人来说，"越狱"的诱惑力大大降低了。过去，"越狱"意味着可以使用一大堆"杀手级"的功能。但是现在，这些功能很多在 iOS 上已经实现。杰·弗里曼特别对"越狱"活动的前景感到担忧，他表示："当越来越少的人想要越狱的时候，就会有更少的开发者去关注一些有趣的事情，这意味着人们越狱的理由少了，导致越狱的人更少了，也导致开发者不太愿意去破解。然后，越狱就慢慢地死去了。"[①] 到 2018 年 12 月，无力支撑运营的杰·弗里曼关闭了

---

① 威锋网. Cydia 三大源已去其二 越狱真的走到头了？[EB/OL].(2007-11-24)[2020-09-20].https://news.tongbu.com/95813.html? c=4074.

Cydia 的在线购买功能。这成为全球 iPhone"越狱"事业遭受重大打击的明显标志。

Cydia 社区的衰落并非一朝一夕之事。而从这件事,包括上一节谈到的苹果公司放下身段的"亲民"行为中,我们似乎可以发掘出一条线索,即自 2011 年 8 月库克正式接替乔布斯担任苹果公司 CEO 以来(其实也包括此前他已经非正式任职的一段时期),苹果公司在与"越狱"黑客博弈的策略上发生了一些明显的变化。乔布斯执掌苹果的时期正是 iPhone"越狱"从起源(2007 年 7 月)走向全盛的时期。其中一个不可忽视的促进"越狱"爱好者群体兴旺膨胀的因素就是乔布斯本人对待 iPhone"越狱"的态度。

乔布斯对待 iPhone"越狱"的态度综合起来说包括两点:① 坚持封闭;② 决不妥协。乔布斯对"系统封闭"的爱好(在某种程度上甚至可以称为执念)由来已久。它不仅表现在 iOS 这样的软件环境中,也表现在麦金塔计算机这样的硬件外壳上。乔布斯甚至一度对接受胰脏癌外科手术治疗悔恨不已。《乔布斯自传》的作者沃尔特·伊萨克森在接受哥伦比亚广播公司新闻栏目采访时表示,乔布斯曾经对他说:"我不想让别人打开我的身体,我也不希望我的身体以这种方式被人侵犯。"① 其原因或许要追溯到乔布斯青年时期接受并迷恋的佛教禅宗思想。另一方面,乔布斯对挑战他权威的人异常痛恨。在《乔布斯自传》中我们可以看到,很多苹果公司的员工害怕与喜怒无常的乔布斯在电梯中相遇,因为极有可能在电梯门开启的时候,他们已经被宣告可以去打包离职了。在这种情况下,我们自然很难想象乔布斯会对"越狱"黑客采取温情的态

---

① 悦潼. 乔布斯曾接受秘密治疗后悔当初拒绝外科手术[EB/OL].(2011-10-21)[2020-09-20].https://tech.qq.com/a/20111021/000091.htm.

度。在乔布斯时代，苹果公司对待"越狱"黑客的手段就是技术反制＋司法恫吓。

就技术反制而言，从2008年开始，苹果就实行了一项名为"代码签名"的保障措施，目的在于防止黑客在其手机操作系统上运行任何一项指令。所以，就算有黑客能够找到漏洞并成功进入iOS系统内部，他也只能够反复使用那些已存在于苹果产品软件里面的命令。而当黑客Comex在2010年发布JailbreakMe 2.0之后，苹果迅速做出回应：随机变换代码在内存当中的位置，让黑客难以查找指令并进行任何形式的"破解"。程序安全研究员Dino DaiZovi认为，这就像让黑客在一本他没阅读过的杂志里面找出某段特定的笔记，而且还是在黑暗当中进行。就司法恫吓而言，苹果一度对包括Comex等黑客在内的"越狱"工具开发者提起过司法诉讼，只是由于美国有关法律保障这种非商业性研究的自由，黑客没有遭受牢狱之灾。而当2010年美国国会图书馆版权办公室正式宣告iPhone"越狱"活动合法化后，乔布斯才不得不断绝了司法恫吓的念头。

苹果公司的策略在库克上台后悄然发生了变化。2011年6月推出学习安卓系统先进经验的iOS 5可以算是一种先声。与乔布斯相比，库克的个人风格走的是亲和、开放、博采众长的路线。站在亚文化分析的角度可以发现，库克领导下的苹果公司在对待iPhone"越狱"黑客的策略上，采取了消解、同化、抵御并用的策略，更为低调，更为温情，但效果显得更好。

在消解方面，苹果公司的策略就是尽量以自身产品来满足"越狱"用户的需求，从而使得他们感觉不必再去"越狱"。iOS系统方面的例子前面已经举过很多，但事实上库克对iPhone的变革还体现在硬件方面。以iPhone的屏幕而言，乔布斯一直坚称3.5英寸是最适合人类的手机屏幕尺寸，因此在他的领导下,苹果公司无视当时三星、HTC 等公司已经开始掀起的大屏手机潮流,依然坚持只为 iPhone 配备小屏幕。而在库克上任后,苹果公司就开始逐步去除乔布斯顽固的产品设定。2012 年发布的 iPhone 5 试探性地把屏幕扩张到了 4 英寸。2013 年发布的 iPhone 5s 坚持了这一路线。到 2014 年发布 iPhone 6 和 iPhone 6 Plus 时,苹果公司终于一举将屏幕尺寸突破到 4.7 英寸和 5.5 英寸,从而以更迎合消费者的心态,获得了更多市场订单。中国作为苹果公司在美国本土以外最重视的消费市场,一直被库克列入"致力迎合消费者需求"的名单前列。2018 年推出的 iPhone Xs Max 更是不但把屏幕加大到了 6.5 英寸,还带来了中国用户翘首期盼的"双卡双待"功能。

图 4-3 黑客 Winocm 推特发言截图①

在同化方面,苹果的策略是拉拢"越狱"黑客以为己用。如 2014 年,曾在 iOS 7 "越狱"方面做出过优秀成绩的黑客 Winocm 就在推特上宣布,他将在不久以后进入苹果公司工作(图 4-3)。① 而在此之前,另外两名著名"越狱"黑客 Comex 和 Peter Hajas 已经接受了苹果的"招安"。

能够被苹果公司邀请的黑客自然都是"越狱"群体中的精英。前面虽然讲到大部分黑客已经实现财富自由,乐意为"Free"而战,但这里并不排除有些黑客出于其他目标(比如稳定的就业,在苹果公司就职的荣耀感)接受"招安"。而这

---

① 太平洋电脑网. 著名越狱黑客 Winocm 宣布将入职 apple 公司[EB/OL]. (2014-02-24)[2020-09-20]. https://smb.pconline.com.cn/433/4332396.html.

样的行动一旦持续开展,必将对整个"越狱"黑客阵营起到逐步瓦解的作用。或许,前面谈到的 ZodTTD & MacCiti 源和 ModMyi 源相继关闭的情况正是这方面变革的连锁反应。

在抵御方面,我们切不要认为总是在公众场合面带笑容的库克没有严峻的一面。通过同化策略"招安"而来的顶级黑客,转身就开始致力维护 iOS 系统安全,而这种对"越狱"技术思路知根知底的安全人员的陆续加盟,自然会使得 iOS 系统漏洞更少,更不容易被发现,以及被发现后更快地被堵上。杰·弗里曼表示:"越狱的时代基本上已经结束了。在过去那些美好的日子里,一个越狱程序的有效期长达好多个月。而现在,只要公开的越狱工具一出现,相关的漏洞立马就会被堵上。苹果已经把修复越狱漏洞当成了一个优先要务……"①

"越狱"不死

从本书第二章的分析可知,参与 iPhone "越狱"的爱好者(无论他们出于怎样的目的和心态)的数量与全体 iPhone 用户数量相比只是非常小的比例,"越狱"这个词在普通人头脑中的第一联想更多的是那部同名的美国连续剧。因此可以说,即便在 iPhone "越狱"最鼎盛的时候,它也不过只限于一种技术亚文化的热度。但是,在 2017—2020 年大部分的时候,它基本处于一种小规模、低影响、浅热度的运行状态了。它未来还会有升温希望吗?有关这个问题,我们的受访者 Y 表示:

> 我觉得"越狱"可能会成为一个历史名词吧。它

---

① 果粉俱乐部.iPhone 越狱的前世今生,那个无序的时代已经结束[EB/OL].(2017-07-03)[2020-09-20]. https://www.sohu.com/a/154128968_116600.

曾经辉煌过，一些事迹也被载入了史册，以后至少会在技术圈中被黑客们长久的传颂。但是在现实层面，它似乎已经对普通人没有什么吸引力了。

Y 的话或许是对的，当年霍兹"破解"第一代 iPhone 之所以石破天惊，就因为他对苹果公司和 AT&T 的秘密合作及其中间的利益纠葛毫无顾忌，甚至对这种以限制自由为手段从而达到商业目的的行为嗤之以鼻，而后仅仅用一把螺丝刀就实现了对运营商的解锁，把本来只限 AT&T 一家运营商专用的 iPhone 变成了"全网通"。另一位越狱大神杰·弗里曼的贡献则集中在系统和应用层面。Cydia 让无数挣脱了 App Store 襁褓的"流浪"iPhone 找到了家的感觉。

苹果公司在应用开发上一开始是"画地为牢"的，不允许第三方力量进入，随后迫于各方压力开放了部分权限，但对应用本身及应用的开发方设置了极为严格的挑选机制和限制措施，因此不少应用软件可以在 Android 和 Windows Phone 应用商店中销售却无法在 App Store 上架。这些应用大多选择了以 Cydia 为渠道进入苹果用户的视野。如此看来，无论先驱人物霍兹，还是把"越狱"社区推向巅峰的杰·弗里曼，都在这一领域获得了巨大的成就，而且伴随着乔布斯的强硬政策，都因激烈对抗而在技术圈子内外产生了影响力。

但是现在的苹果公司可能不会再给"越狱"黑客们这样的机会了。时至今日，当年那个带有浓厚乔布斯个人色彩的 iPhone 和 iOS 随着时间的推移几乎已经不复存在。虽然苹果公司仍日复一日地用以"闭源即安全"为核心的话语体系构建关于 iOS 这一操作系统坚不可摧的神话，不断向消费者诉说着苹果的"封闭大门"是多么地牢不可破，但我们可以看到的是，在消费者需求、安卓系统的追赶及"越狱"社区日复一日给予的压力之下,生态系统的开放和多元化、交互逻辑和程序设置的人性化已经成为大势所趋。

比如:当下全网通的iPhone手机早已成为消费者的第一选择,苹果公司甚至从iPhone X开始提供了双卡双待功能——这原本一直被苹果公司视为会破坏iPhone的文化美感;在系统层面上,更改壁纸、更换铃声、应用间多任务控制等"越狱"社区的基础功能已不必赘述,另外,iOS 8更是为各种第三方应用打开了权限和通道,这也被很多人视为iOS从"全闭源"向"半闭源"转变的转折点;诸如录屏、GIF动图这种原本是"越狱"社区的独门绝技也统统被iOS收入囊中。iOS的发展和完善有目共睹,其间固然有苹果公司科研能力的展现,但"越狱"社区的贡献是不可泯灭的。

曾经不可一世的苹果公司对待开发者日渐友好,面对"越狱"社区时更加虚心,同时能以耐心和理解而非控制欲去建立与用户的关系。这些都让iOS逐渐成为一个生机勃勃、你来我往的生态圈而非一开始自我封锁的"监狱"。这就产生了一个问题:"监狱"不在,"越狱"何为?杰·弗里曼其实早已预料到这一天的到来:"以前你'越狱'可以获得非常炫酷的功能,而你就是为了这些功能才买iPhone的。但现在,你'越狱'获得的只是些小玩意儿而已。"也就是说,当"越狱"不能再带给普通"越狱"爱好者们福利时,本来在"越狱"黑客身后凝聚起来的"长尾"也将不复存在。"越狱"是不是会变成一个只有少数黑客、极客们关起门来自娱自乐的技术?对此受访者Z表示:

> iOS逐渐成为一个生机勃勃、你来我往的生态圈而非一开始自我封锁的"监狱"。这就产生了一个问题:"监狱"不在,"越狱"何为?

> 我觉得"越狱"作为一种技术活动还不会消亡,因为苹果公司尽管做出了很多完善,但是并没有就"越狱"的最根本诉求——自由给予回应。从根本上

说,"越狱"要求的是自由而不是免费。这里的自由我觉得可以分为普通用户的自由和高级用户的自由两种。前者的要求比较浅显,就是比如可以选择不同的运营商,可以使用更丰富的功能、更漂亮的界面,而这些通过苹果公司对iOS的修补完善都可以或早或晚地得以满足。但是高级用户的自由则不然,这里最重要的一点可能就是开放底层系统,而这可能是苹果最敏感和最不愿意接受的。只要在这一点上得不到满足,那么我预计黑客对未来新款iPhone的"越狱"工作还将继续进行下去。

Z在这里提到的"开放底层系统"确实是一个关键命题。开放意味着自由,而自由意味着风险。在一次采访中,"盘古"团队在被问到普通用户"越狱"是否会使手机处于不安全状态的相关问题时,他们毫不犹豫地表示,"越狱"是为了自由,那么首先肯定会伴随着安全性的降低,这个是毋庸置疑的。也就是说,自由无论如何都不可能是绝对的。对于"越狱"用户而言,选择自由就要放弃一部分安全性。对于iPhone来说,"越狱"极有可能更改甚至移除保护个人隐私和设备数据的安全机制。这种行为在某种程度上为一些恶意行为的发生创造了条件。敞开的大门如果恰好被那些别有用心的人盯上,后果则不堪设想。这也就不难理解为何苹果公司在宣称自家iOS安全可靠的同时,日复一日地提醒苹果用户"越狱"可能产生安全漏洞和性能不稳定。此外,iPhone一旦"越狱"就将失去保修服务,不再享受苹果公司提供的支持和维修这一条款也成为苹果公司官方阻止用户"越狱"的"撒手锏"。

即便是向来被认为更具开放心态的安卓手机也对全面开放颇具戒心。安卓手机的操作系统Andriod出自谷歌公司。虽然谷歌公司一向以开放、开源、免费为产业心态，但不可否认的是，Andriod 操作系统在不断升级、进化的过程中也加强了对底层系统的保护，以至于 Andriod 手机爱好者群体必须通过"Root"操作来获取最高管理员权限。但与 Andriod 操作系统（尤其是经国产厂商改造过的版本）不同的是，iOS 中一般不会预设乱七八糟的应用，这使得部分 iPhone 用户对"越狱"仅存的意义"开放底层系统"或者"获取最高管理权限"没有那么渴望。

"越狱"爱好者群体无疑正在缩减，或者如 Y 所说，这一缩减在某种程度上也算是这一群体的"净化"——去除了大批单纯冲着"免费安装正版应用"而来，事实上毫无文化追求的人。以往"Free"这一理念中所包含的自由与免费之间的边界相对模糊，因此在"Free"这面旗帜下的"越狱"社区日益变得鱼龙混杂，甚至有不少人公然利用社区内外的信息不对称，拿着"大神"无偿提供的"越狱"方案和插件转而卖出高价。

然而，群体缩减所带来的"净化"或许有助于"越狱"爱好者群体变得更加纯粹。同时这种缩减也可以被称为一种"回归"。对于"越狱"社区及"越狱"爱好者来说，这一"回归"大概就是远离对"越狱"活动的利益追求，而单纯地回到对技术及技术理念的热爱。就技术而言，这一"回归"是欣喜于发现漏洞，以及通过它制成"越狱"工具，然后借助这样的小小工具来掀翻 iPhone 这样的技术航母。技术精湛的黑客们并不将这种通过技术的运作得到的快感视为自己的专利，否则他们就成了令人讨厌的垄断者。大部分黑客都十分乐于将自己的技巧与快感分享给追随黑客精神的拥趸，用共享打破垄断和权威。用"太极"团队核心成员 XN 的话来讲，他开发"越狱"工具的目的并非为了赚钱，而是想要给用户更多的自由。那么就技术理念而言，这种技术所体现出的技术理念就是对

"Free"中自由向度的不懈坚守。这种坚守并不考虑"免费与否",而是呈现出对商业利益天然的排斥,以及对黑客精神、游戏精神无条件的崇拜。或者用Z的话说,以后可能会有更多人开始欣赏为"越狱"而"越狱"。

Z自己就是这样一个人,他从初中时代就开始接触苹果产品,然后接触到"越狱",他经历过从"为求免费福利而'越狱'"到"为求技术快感而'越狱'"的转变。这样的转变需要很长时间的历练,而其结果是使他成为原来就属于小众群体的"越狱"爱好者中的小的群体成员之一。如他所说:"有的时候我会反复进行'越狱'/'入狱'的操作(这纯粹是为了体验其技术过程),或者测试多款不同'越狱'软件的优劣,以便尝试为论坛带来一个或许能为自己赢得赞许的'原创体验报告'。"以这样的风格,Z及类似他的那一小群人无疑更像是在演绎一种技术亚文化了。尽管开发出"越狱"工具这个目标可能是他永远无法达到的,但是他可以通过自己的努力成为一个紧紧跟随黑客精英脚步的"早期采用者",并由此来启迪身后人数更多的"跟进者",以及努力将普通苹果产品粉丝转化为亚文化的信徒。

出于对技术自由理念的坚守,被净化后的"越狱"亚文化群体就得以与"XX助手"的"信众"——那些纯粹冲着免费装正版应用而去的群体划清了界限。自从evad3rs团队在2013年年底发布捆绑了"太极助手"的iOS 7"完美越狱"工具evasi0n中文版后,这一做法虽然在"越狱"界饱受质疑,并且让很多习惯了纯净"越狱"的爱好者们难以忍受,但它确实开拓出一个新的"越狱"团队赢利模式——在"越狱"过程中捆绑第三方应用平台,通过平台分发应用,凭借广告实现赢利。

同时,当下包括手机、平板电脑在内的移动设备日益超越计算机成为互联网的第一入口,消费能力相对更强的苹果用户更是成了"香饽饽",因而一些互联网巨头为了抢占高地,不惜直接或间接为"XX助手"或"越狱"团队投入巨资,以至于苹果用户在"越狱"时,就会被鼓励甚至强制下载安装与这些赞助者的利益高度相关的第三方应用商店(手机应用市场或"XX助手")。国内这一模式的成功使用者毫无疑问当属"盘古"团队,其在iOS 7.1.1"完美越狱"工具和iOS 8.1"完美越狱"工具中都捆绑了"PP助手",并借此培养出了一大批"助手"而非"越狱"工具的"信众"。

　　此类"信众"事实上是一个单纯的逐利群体,并无牢固的文化信念,既容易一拥而上,也容易一哄而散。因此,类似"XX助手"这样的软件,就只能设计出"必须依靠我的应用界面才能升级应用"的枷锁来困住用户。这是一种基于相互利用的"双赢局面"——用户免费得到了正版应用,而"XX助手"得到了这批用户。

　　2008年,美国学者尼古拉斯·卡尔写过一本书《IT,不再重要》。这本书并非唱衰IT,而是指出恰恰由于IT(包括互联网)已经重要到无孔不入地渗入了我们的日常生活,我们会像习惯水、电、空气那样习惯IT,从而丧失了鉴赏其重要性的审视距离。以这样的观念来审视"越狱"也是可以的。虽然"越狱"行为本身不可能"无孔不入地渗入我们的日常生活",但是它的技术"宿主"(不仅包括iPhone,还包括其他苹果公司产品,甚至包括在"Root"思想鞭策下不断精进的Andriod设备)可能做到这一点。在iPhone流行于全球的情况下,"越狱"技术精英们以其实践活动,令苹果公司不得不逐步接受自由、开放等黑客理念,从而将iPhone打造得更好。换言之,即便今后"越狱"研究和实践越来越成为少数技术精英的活动,即便这些技术精英可能一半在"野",一半在"朝"(如接受苹果公司聘用),但是只要他们所坚守的技术理念不灭,他们就始终是鞭策苹果公司把目光更多地投向产品设计和用户体验而不是盈利报表的力量。

正因为如此,从亚文化角度分析,这种"越狱"爱好者群体被净化、被缩编的情形,将很难用伯明翰学派的所谓"收编"理论来描述。"收编",尤其是商业"收编",指的是抽离亚文化群体意志、观念而简单征用其文化符号的行为。比如,假设苹果公司成功瓦解或收购 Cydia,然后在 App Store 中悬挂杰·弗里曼头像,那么这样的行为大概可以被视为一种"收编"。而以目前的形势来看,将之理解为一种文化衍替显然会更加适当。文化衍替实现的标志是来自亚文化的理念成功打入主文化并开始改变后者既有的面貌。若以此审视"越狱"亚文化群体,那么我们从苹果公司自库克上任以来的一系列渐进性改革举措中就已经得到了初步明证。

微信事件会激活"越狱"吗

一种亚文化,其生命活力有时并不仅仅与自身内部努力成长有关,也与外部(主文化)形势的发展变化息息相关。有时候,内部动力或者活力在衰弱之际,却有可能借助外部条件迎来重新兴旺的机会。

2019 年,全球"越狱"社区的活力已经远离了高峰期。此时中美关系开始发生龃龉,先是体现在贸易战层面,进入 2020 年后,"战火"更是烧到了 IT 科技领域。2020 年 8 月 7 日,美国总统特朗普签署政府公文,要求自 2020 年 9 月 20 日起,禁止任何美国个人及企业与 TikTok 母公司字节跳动进行任何交易,禁止美国个人及企业与腾讯公司进行与微信有关的任何交易。

这表面上看起来与苹果公司无关,但我们稍一分析就知不是这样。由于腾讯在中国已经是顶级的互联网巨头,微信更是早已成为几乎人人必备的国民级应用,所以作为美国企业的苹果公司,倘若被禁止与腾讯公司进行与微信有关的任何交易(一个最简单表现就是2020年9月20日后苹果公司的数码产品中将不能安装微信应用),iPhone则当然要直面暴风骤雨般的冲击。

近年来,iPhone全球销量份额中,来自中国的贡献越来越大。据统计,2017年、2018年两年,iPhone在中国销售的份额分别占到23.65%和34.34%。① 而进入2019年,随着中美关系的紧张,iPhone在中国的销售数量应声下滑,其在中国的市场份额从前一年的8.7%跌到了7.5%。②

如果说,中美关系紧张只是导致部分消费者出于爱国心理放弃选购iPhone的话,那么2020年8月这一纸禁令一旦成真,可能会有海量消费者出于"无法使用微信"而放弃iPhone,因为微信已经成为当代中国人网络社交的重要工具。人们可以没有iPhone的精致外观和流畅系统,但是绝不能失去分分秒秒与亲朋好友沟通信息的主渠道。美国的彭博社在消息传出后组织了一次由120万中国人参与的投票,结果显示有95%的参与者宁可选择抛弃iPhone也不会选择抛弃微信。③

这一"二选一矛盾"的愈演愈烈就给了iPhone"越狱"再度兴盛的机会。因为很显然,苹果公司如果要执行美国政府的

---

① 科技巅峰汇.没了中国市场,苹果手机在全球的出货量能在什么位置[EB/OL].(2018-10-30)[2020-09-22]. https://www.sohu.com/a/272154415_148820.

② 丁丁聊聊.苹果iphone手机2019中国销量2750万台,同比下滑21%,排行[EB/OL].(2020-01-30)[2020-09-22]. https://xw.qq.com/amphtml/20200130/20200130A07LNN00.

③ 数码圈儿.微信苹果二选一?显而易见!95%中国人选择微信放弃苹果[EB/OL].(2020-08-14)[2020-09-22]. https://new.qq.com/omn/20200814A0NCXO00.html.

禁令，就必然会把微信应用从 App Store 中下架，从而让用户找不到安装它的入口。而鉴于 iOS 系统的严密性，试图突破这一封锁的最好办法莫过于"越狱"了。

由于受此事影响的主要是中国用户，因此相关讨论更多见于威锋网论坛而非国外"越狱"社区。在威锋网论坛的一些帖子里，我们已经能够看到类似"怕什么，大不了'越狱'，仍然轻松鱼和熊掌兼得"的言论，但与此同时也有人担忧："现在全球'越狱'行情都不好，那些黑客老大们不知道会不会为了中国国情加班加点。"

美国与中国、苹果与腾讯、App Store 与微信，这些外部博弈对象的互动构成了 iPhone "越狱"群体发展变化的大环境。"越狱"总是需要一种理由来充当动力。一直以来竖得最高的大旗就是"Free"，而且它被解释为"自由"，但是以事实来看，这种高尚的理念基本只属于已经财富自由且秉承黑客文化精神的少数精英程序员。对处于 iPhone "越狱"群体底部的大多数参与者和追随者来说，"Free"的另一种解释"免费"才是刺激他们愿意花时间追随这个群体的吸引力所在。为了调解这两方面的矛盾，一些黑客（比如理查德·斯托曼）转而投入研发以 Copyleft 为特征的开源软件。在他们看来，这才是完美实现"既自由又免费"的最好方案。

但是具体在"iPhone 与微信二选一"这件事上，情况有所不同。微信是一款免费应用，用户现在希望通过"越狱"得到它，主要的诉求并不是"规避其收费"，而是"规避美国政府的使用禁令"。在这种情况下，"Free"的解释就明显更偏向"自由"了。正是在这种背景下，iPhone "越狱"行为会变得更加具有文化对抗的意味，并且其对抗的主文化已经不仅仅包括苹果公司，甚至包括了美国政府。

技术优势的存在，自然会让文化对抗变得更有底气。然而在这场即将揭幕的对抗赛里,受到压制的腾讯公司(微信)与苹果公司(iPhone)其实都是缺席的,它们(尤其是苹果公司)不可能主动借助"越狱"工具来为自己增加赢利保险系数。然而广大享受"越狱"技术红利,得以继续同时使用iPhone和微信的中国网民,将成为笑得最开心的人。

所以这将是一场非常有意思的文化对抗。我们可以将其参与者罗列一下:

(1)最顶层是中美两国政府。当然它们并不是站在文化对抗的两侧,而是作为主文化代表这一角色而存在,本身也并未意识到被卷入了一场亚文化博弈之中。

(2)次顶层是苹果公司与腾讯公司。它们一方面是大国博弈的筹码(在一定程度上不得不做出经济层面的牺牲),另一方面(尤其是苹果公司)也成为iPhone"越狱"群体开展文化对抗的直接目标。

(3)中层是那些执着于开发"越狱"工具(checkra1n、unc0ver)的黑客团队。他们所受到的追捧已经远不如"越狱"文化鼎盛时期的那么炽热,但是为了自身的文化追求,他们仍然在不懈地努力。此刻,他们不断奉献出来的技术成果,正好成为此次文化抗争中的战斗利器。

(4)底层就是广大因为"微信与iPhone必须二选一"而焦虑的中国用户。相信"'越狱'可以解决这个非此即彼的困难"会让很多人开始关注"越狱"这个或许对他们来说原本还感到陌生的名词。而伴随这样的形势发展,原本已经趋于式微的"越狱"社区也许就能重新得以振兴,不断涌入新鲜血液。虽然这些涌入的新鲜血液也许对"越狱"文化还处于浅薄甚至陌生的状态,但是社区的技术文化互动会推动这场文化对抗朝着新一轮扩张"越狱"文化群体规模的方向发展,进而为iPhone"越狱"亚文化再度起航打下基础。

此事的后续发展可谓一波三折。2020 年 9 月 20 日，正当这一禁令即将落地实行时，位于旧金山的北加州联邦地方法院法官劳芮尔·比勒宣布，对微信的禁令在该州将被暂停。随后又有其他一些州表示暂行禁令。它们的理由是维护美国宪法第一修正案授予民众的言论自由，因为微信实际上是华人社区中许多人唯一的交流手段。这是一个为华裔和华裔美国人社区提供的虚拟公共广场。

然而，暂缓执行并没有起到推翻禁令的功效，特朗普政府还针对这些州的行为考虑通过司法诉讼来抗议"暂缓"。只是进入 2020 年第四季度后，特朗普团队把主要精力放在了谋求大选连任上，因此微信得到了"苟延残喘"。在此之后，特朗普大选败北让腾讯公司（包括字节跳动）松了一口气，但是这道禁令仍然没有随着美国政府的更迭而自动消失。

直到 2021 年 6 月，接替特朗普上台的新任美国总统拜登宣布撤销特朗普政府对社交媒体应用 TikTok 和微信海外版 WeChat 的禁令。但是，这并不值得欢呼雀跃，因为拜登随即颁发了一条对外国运营的应用程序审查范围更加广泛的行政命令。该命令将处理对多个应用软件的审查申请——商务部将在标准决策框架下采取"严格的、基于证据的分析来评估和解决外国运营的应用程序带来的风险"。

这意味着，微信能否持续健康、顺畅地登录苹果公司的应用市场，仍然受到美国政治、经济、文化等因素的重重考量与权衡。而作为普通用户，他们除了组织起来借助司法渠道进行（很可能）低效的"合法"抗争外，仰仗黑客"大神"们的技术力量，绕过禁令可能是更高效的方案。因此，iPhone "越狱"的历程还可能因此继续下去，并将创造出的光和热传递给更多的普通用户。

主要参考文献

著作部分

[1] 沃尔特·艾萨克森. 史蒂夫·乔布斯传[M]. 管延圻, 魏群, 余倩, 等译. 北京: 中信出版社, 2011.

[2] 迈克尔·莫里茨. 重返小王国: 乔布斯如何改变世界[M]. 梁卿, 译. 北京: 中信出版社, 2010.

[3] 简·梵·迪克. 网络社会: 新媒体的社会层面[M]. 2版. 蔡静, 译. 北京: 清华大学出版社, 2014.

[4] 罗伯特·洛根. 理解新媒介: 延伸麦克卢汉[M]. 何道宽, 译. 上海: 复旦大学出版社, 2012.

[5] 保罗·莱文森. 新新媒介[M]. 何道宽, 译, 上海: 复旦大学出版社, 2011.

[6] 格雷厄姆. 黑客与画家: 硅谷创业之父Paul Graham文集[M]. 北京: 人民邮电出版社, 2011.

[7] 简·麦戈尼格尔. 游戏改变世界: 游戏化如何让现实变得更美好[M]. 闾佳, 译. 杭州: 浙江人民出版社, 2012.

[8] 凯文·凯利. 技术元素[M]. 张行舟, 余倩, 周峰, 等译. 北京: 电子工业出版社, 2012.

[9] 克里斯·安德森. 免费: 商业的未来[M]. 蒋旭峰, 冯斌, 璩静, 译. 北京: 中信出版社, 2009.

[10] 玛格丽特·米德. 代沟[M]. 曾胡, 译. 北京: 光

明日报出版社,1988.

[11] 曼纽尔·卡斯特. 网络星河:对互联网、商业和社会的反思[M]. 郑波,武炜,译. 北京:社会科学文献出版社,2007.

[12] 尼古拉斯·卡尔. 浅薄:互联网如何毒化了我们的大脑[M]. 刘纯毅,译. 北京:中信出版社,2010.

[13] 派卡·海曼. 黑客伦理与信息时代精神[M]. 李伦,魏静,唐一之,译. 北京:中信出版社,2002.

[14] 郑永年. 技术赋权:中国的互联网、国家与社会[M]. 邱道隆,译. 北京:东方出版社,2014.

[15] 安迪·班尼特,基思·哈恩-哈里斯. 亚文化之后:对于当代青年文化的批判研究[G]. 中国青年政治学院青年文化译介小组,译. 北京:中国青年出版社,2012.

[16] 迪克·赫伯迪格. 亚文化:风格的意义[M]. 陆道夫,胡疆锋,译. 北京:北京大学出版社,2009.

[17] 尼古拉斯·盖恩,戴维·比尔. 新媒介:关键概念[M]. 刘君,周竞男,译. 上海:复旦大学出版社,2015.

[18] 斯图亚特·霍尔,托尼·杰斐逊. 通过仪式抵抗:战后英国的青年亚文化[G]. 孟登迎,胡疆锋,王蕙,译. 北京:中国青年出版社,2015.

[19] 塔里克·阿里,苏珊·沃特金斯.1968年:反叛的年代[M]. 范昌龙,李宏,王彦兴,等译. 济南:山东画报出版社,2003.

[20] 鲍鲳. 网游:狂欢与蛊惑[M]. 苏州:苏州大学出版社:2012.

[21] 蔡骐. 大众传播时代的青少年亚文化[M]. 长沙:岳麓书社,2011.

[22] 陈霖. 迷族:被神召唤的尘粒[M]. 苏州:苏州大

学出版社，2013.

[23] 古风. 中国黑客 [M]. 上海：学林出版社，2004.

[24] 胡疆锋. 伯明翰学派青年亚文化理论研究 [M]. 北京：中国社会科学出版社，2012.

[25] 李庆真. 生活在网络化时代的我们：网络化时代青年文化发展趋势研究 [M]. 杭州：浙江大学出版社，2014.

[26] 李婷. 离线：黑客 [M]. 电子工业出版社，2015.

[27] 陆玉林. 当代中国青年文化研究 [M]. 北京：人民出版社，2009.

[28] 马中红，杨长征. 新媒介. 新青年. 新文化：中国青少年网络流行文化现象研究 [M]. 北京：清华大学出版社，2016.

[29] 陶东风，等. 当代大众文化价值观研究：社会主义与大众文化 [M]. 沈阳：辽宁教育出版社，2014.

[30] 陶东风，胡疆锋. 亚文化读本 [G]. 北京：北京大学出版社，2011.

[31] 周晓虹. 文化反哺：变迁社会中的代际革命 [M]. 北京：商务印书馆，2015.

论文部分

[1] 丁未. 新媒体与赋权：一种实践性的社会研究 [J]. 国际新闻界，2009 (10)：76-81.

[2] 黄慧，陈闵中. 针对黑客攻击的预防措施 [J]. 计算机安全，2005 (9)：57-59.

[3] 计海庆. 黑客文化的技术史探源 [J]. 社会科学，2005 (5)：124-128.

[4] 刘承焕，蒋志兵. 从病毒、黑客看计算机犯罪 [J].

社会科学家,2001(6):63-66.

[5] 马中红. 文化资本:青年话语权获取的路径分析 [J]. 中国青年社会科学, 2016(3):53-57.

[6] 马中红, 顾亦周. 文明对话与文化比较:中美黑客亚文化比较研究 [J]. 深圳大学学报:人文社会科学版, 2010(5):5-12.

[7] 杨立雄. 黑客伦理、公有主义与声誉:对黑客行为的一种理论解释 [J]. 武汉理工大学学报:社会科学版, 2004(2):160-164.

[8] 张彦. 黑客:网络袭击的罪与错 [J]. 社会, 2000(6):30-32.

[9] 蔡骐. 粉丝型受众探析 [J]. 新闻与传播研究, 2011(2):33-41.

[10] 曹晋, 张楠华. 新媒体、知识劳工与弹性的兴趣劳动:以字幕工作组为例 [J]. 新闻与传播研究, 2012(5):39-47.

[11] 陈殿林. 我国青年亚文化的风格建构与解码 [J]. 当代青年研究, 2011(8):1-7.

[12] 陈霖. 新媒介空间与青年亚文化传播 [J]. 江苏社会科学, 2016(4):199-205.

[13] 陈霖. 新媒介时代青年亚文化的伦理冲突及其建设性资源 [J]. 青年探索, 2013(6):13-18.

[14] 陈霖, 邢强. 微视频的青年亚文化论析 [J]. 国际新闻界, 2010(3):95-99.

[15] 陈霖, 杨培. 大众传播媒介对"粉丝"亚文化的再现:以央视对"杨丽娟事件"的报道为例 [J]. 文艺研究, 2012(4):35-41.

[16] 陈龙. 青年亚文化与当代媒介素养教育 [J]. 国际

新闻界，2005（2）：17-22.

[17] 陈席元. 弹幕话语建构的青年亚文化网络社群研究：以哔哩哔哩网对Keyki事件反应为例［J］. 电脑知识与技术，2014（20）：4667-4669，4721.

[18] 陈一. 新媒体、媒介镜像与"后亚文化"：美国学界近年来媒介与青年亚文化研究的述评与思考［J］. 新闻与传播研究，2014（4）：114-124.

[19] 邓天颖. 想象的共同体：网络游戏虚拟社区与高校亚文化群体的建构［J］. 湖北社会科学，2010（2）：173-175.

[20] 董峻. 技术之思：海德格尔技术观释义［J］. 自然辩证法研究，2000（12）：19-24.

[21] 杜金艳. Q版：集体默契的亚文化［J］. 青年研究，2006（9）：10-15.

[22] 范斌. 弱势群体的增权及其模式选择［J］. 学术研究，2004（12）：73-78.

[23] 符文品. 引导青年亚文化与社会主流文化相统一［J］. 社会科学，2000（10）：60-63.

[24] 高丙中. 主文化、亚文化、反文化与中国文化的变迁［J］. 社会学研究，1997（1）：115-119.

[25] 高亚萍. "亚文化"视野中的青年流行文化［J］. 中国青年研究，2003（5）：67-71.

[26] 郝雨，路阳. "屌丝"现象的亚文化解读与反思［J］. 新闻界，2013（10）：30-34.

[27] 黄冬霞. 青年本质研究综述［J］. 北京青年研究，2015（2）：18-23.

[28] 黄瑞玲. 亚文化的发展历程：从芝加哥学派到伯明翰学派［J］. 国外理论动态，2007（11）：77-81.

[29] 黄瑞玲. 亚文化：概念及其变迁［J］. 国外理论动

态,2013(3):44-49.

[30] 黄少华. 网络游戏意识对网络游戏行为的影响:以青少年网民为例[J]. 新闻与传播研究,2009(2):59-68,108.

[31] 黄晓武. 文化与抵抗:伯明翰学派的青年亚文化研究[J]. 外国文学,2003(2):30-39.

[32] 黄艳明,姜海月. 网络文学消费者打赏意愿研究[J]. 中外企业家,2015(26):257-259.

[33] 黄志坚. 谁是青年?关于青年年龄界定的研究报告[J]. 中国青年研究,2003(11):31-41.

[34] 胡疆锋. 伯明翰学派青年亚文化理论的生成语境[J]. 青年研究,2007(12):14-20.

[35] 胡疆锋. 从"世代模式"到"结构模式":论伯明翰学派青年亚文化研究[J]. 中国青年研究,2008(2):67-72.

[36] 胡疆锋. 意识形态媒体商品:亚文化的收编方式[J]. 现代传播,2009(1):158-159.

[37] 黄碧云. 新生代网络流行语的符号学解析[J]. 新闻与传播研究,2011(2):106-108,112.

[38] 黄海. 解密"街角青年":一种越轨社会学和亚文化理论的研究[J]. 青年研究,2005(2):43-48.

[39] 黄月琴. "弱者"与新媒介赋权研究:基于关系维度的述评[J]. 新闻记者,2015(7):28-35.

[40] 蒋原伦. 一切新文化都是青年亚文化[J]. 读书,2012(10):107-112.

[41] 李庆本. 伯明翰学派文化研究的发展历程[J]. 东岳论丛,2010(1):86-94.

[42] 李修建. 青年亚文化与当代社会思潮[J]. 文艺理论与批评,2013(4):77-86.

[43] 李政亮. 英国文化研究中的亚文化研究谱系［J］. 文艺研究, 2010 (7): 21-28.

[44] 刘大先. 小众的流行: 作为网络青年亚文化的美剧［J］. 艺术广角, 2007 (4): 4-9.

[45] 刘天明. 论网络语言和网络人际传播［J］. 长白学刊, 2008, (2): 150-152.

[46] 龙耘, 王蕾. 谁是青年: "Y 世代"在中国语境中的解读［J］. 中国青年社会科学, 2015 (4): 11-16.

[47] 卢鹏. 亚文化与权力的交锋: 伯明翰学派青年亚文化研究的逻辑与立场［J］. 青年研究, 2014 (3): 84-93, 96.

[48] 陆扬. 从亚文化到后亚文化研究［J］. 辽宁大学学报: 哲学社会科学版, 2012 (1): 121-127.

[49] 陆玉林. 论青年的意义构成［J］. 中国青年政治学院学报, 2011 (1): 1-6.

[50] 马中红. 国内网络青年亚文化研究现状及反思［J］. 青年探索, 2011 (4): 5-11.

[51] 马中红. 青年亚文化: 文化关系网中的一条鱼［J］. 青年探索, 2016 (1): 74-83.

[52] 马中红. 商业逻辑与青年亚文化［J］. 青年研究, 2010 (2): 60-67, 95-96.

[53] 马中红. 西方后亚文化研究的理论走向［J］. 国外社会科学, 2010 (1): 137-142.

[54] 马中红. 新媒介与青年亚文化转向［J］. 文艺研究, 2010 (12): 104-112.

[55] 毛加兴. 新媒介语境中青年亚文化的新变化［J］. 山东青年政治学院学报, 2015 (3): 39-43.

[56] 孟登迎. "亚文化"概念形成史浅析［J］. 外国文学, 2008 (6): 93-102.

[57] 欧阳友权. 网络文学：挑战传统与更新观念 [J]. 湘潭大学社会科学学报, 2001, (1): 36-40.

[58] 苏萍. 中国新媒介二十年与青年网络社会的建构 [J]. 当代青年研究, 2014 (2): 49-54.

[59] 隋岩. 从网络语言透视两种传播形态的互动 [J]. 北京大学学报：哲学社会科学版, 2015 (3): 187-191.

[60] 孙黎. 青年亚文化视角下的网络字幕组文化 [J]. 编辑之友, 2012 (4): 58-60.

[61] 陶东风. 两代人为什么变成了两种人 [J]. 民主与科学, 2012 (3): 63-65.

[62] 田方萌, 杨长征. 近5年青少年流行文化现象的特点 [J]. 中国青年研究, 2003 (2): 8-15.

[63] 王斌. 身体化的网络流行语：何为与为何：一个青年亚文化的社会学解读. 中国青年研究, 2014 (3): 69-73.

[64] 王佩. B站用户高忠诚度行为背后的心理因素分析 [J]. 视听, 2016 (4): 169-170.

[65] 王山, 奉公. 技术赋权、创造性破坏与以人为本：新媒体时代的政府治理创新 [J]. 东北大学学报：社会科学版, 2016 (1): 63-67, 93.

[66] 王爽. 影视IP热的传播学解读 [J]. 视听界, 2016 (1): 42-44.

[67] 王彤, 陈一. 跨文化传播下的字幕组：在看似侵权与违法的背后 [J]. 传媒观察, 2014 (4): 14-16.

[68] 吴小英. 代际冲突与青年话语的变迁 [J]. 青年研究, 2006 (8): 1-8.

[69] 肖伟胜. 作为青年亚文化现象的网络语言 [J]. 社会科学研究, 2008 (6): 190-195.

[70] 杨聪. 浅析网络时代的青年亚文化 [J]. 中国青年

政治学院学报,2008(5):53-56.

[71] 杨桂荣. 从"Gate-keep"到"Heads-up Displays"——"把关人"走向网络资讯人的思考[J]. 新闻与传播研究,1999(1):56-59.

[72] 于桂梅. 从汉语词汇看文化与语言的关系[J]. 天水师范学院学报,2010(4):103-105.

[73] 余建清. 网络恶搞:仪式下的狂欢与抵抗:基于《一个馒头引发的血案》的分析[J]. 兰州学刊,2007(9):158-160.

[74] 张聪,吴思岐,常帅,等. 应用于自出版平台的"打赏"模式研究[J]. 科技与出版,2015(2):134-139.

[75] 张晋升,谢璇. 网络政务监督流行语解读:"躲猫猫"事件的符号特征与传播意义[J]. 国际新闻界,2010(3):90-94.

[76] 张武华. 在迷茫中成长的一代:关于青年文化及青年亚文化的一些思考[J]. 青年探索,1992(6):15-18.

[77] 张允,姚玉娇. "互联网+"时代网络IP剧的传播研究[J]. 现代传播,2016(6):85-89.

[78] 曾一果. 抵抗与臣服:青年亚文化视角下的新媒体数字短片[J]. 国际新闻界,2009(2):95-99.

[79] 钟智锦. 使用与满足:网络游戏动机及其对游戏行为的影响[J]. 国际新闻界,2010(10):99-105.

[80] 周丹. 伯明翰学派青年亚文化研究的起点:理查德·霍加特与"电唱机男孩"[J]. 国际新闻界,2009(12):39-43.

[81] 朱国华. 文化再生产与社会再生产:图绘布迪厄教育社会学[J]. 华东师范大学学报:哲学社会科学版,2015(5):173-189.

[82] 朱逸，李秀玫，郑雯.网络赋权的双重性：形式化增能与实质性缺失：基于对社会底层群体的观察[J].天府新论，2015（5）：34-40.

网页部分

[1] 阳淼.数字千年版权法修正案通过 iPhone 合法越狱[EB/OL].(2010-08-10)[2020-08-29].https://tech.qq.com/a/20100810/000100.htm.

[2] 网易手机.iPhone 越狱依然合法 iPad 却惨遭不幸[EB/OL].(2012-10-26)[2020-08-29].https://mobile.163.com/12/1026/16/8EOOJH6O0011665S.html.

[3] 极客世界.Cydia 商店关闭，越狱慢性消亡[EB/OL].(2018-12-18)[2020-09-02].https://www.sohu.com/a/282614129_105527.

[4] 黄无然.苹果交出 2019 年服务成绩单：App Store 年利润高达小米的 10 倍[EB/OL].(2020-01-09)[2020-09-05].https://tech.sina.com.cn/roll/2020-01-09/doc-iihnzhha1456740.shtml.

[5] 菠萝油.不为金钱为什么？盘古越狱团队接受访问[EB/OL].(2015-10-29)[2020-09-11].https://mobile.pconline.com.cn/711/7116502.html.

[6] 小哈米.巫妖王阉割版让人喜忧参半 大灾变审批是关键[EB/OL].(2010-07-27)[2020-09-15].https://games.qq.com/a/20100727/000208.htm.

[7] IT 世界巫妖王之怒解禁 网易损失 2 亿终于苦尽甘来[EB/OL].(2010-08-05)[2020-09-15].http://games.qq.com/a/20100805/000304.htm.

[8] 同步推.越狱社区领袖级人物：听听 Cydia 之父谈越

狱[EB/OL].(2016-09-01)[2020-09-18].https://www.sohu.com/a/113214639_118086.

[9] 搜狐IT.纽约时报：iPhone破解流行 非法软件令苹果震怒[EB/OL].(2009-05-13)[2020-09-18].https://it.sohu.com/20090513/n263938660.shtml.

[10] 游戏陀螺.App Store重大调整：竞价广告试水 分成比例降低[EB/OL].(2016-06-09)[2020-09-18].https://ent.163.com/game/16/0609/10/BP447CCS00314OSE.html.

[11] 威锋网.iOS漏洞可卖天价：OS X漏洞只值3万美元[EB/OL].(2015-11-24)[2020-09-18].http://news.zol.com.cn/553/5535795.html.

[12] 雷锋网.向苹果出售一个iOS漏洞，黑客获利25万美金[EB/OL].(2012-03-24)[2020-09-18].https://www.leiphone.com/news/201406/one-ios-exploit-25th-dollar.html.

[13] 果粉之家.苹果全面启动漏洞赏金计划：最高赏金150万美元[EB/OL].(2019-12-21)[2020-09-18].https://www.sohu.com/a/361892461_222118.

[14] 电子发烧友.iOS 10.3.1最新消息：盘古把漏洞卖给苹果了，iOS 10.3.1越狱无望？[EB/OL].(2017-05-16)[2020-09-19].http://m.elecfans.com/article/516527.html.

[15] 徐萧梓丞.iOS 7越狱"太极助手"风波 官方给出最新解释[EB/OL].(2013-12-23)[2020-09-19].https://digi.tech.qq.com/a/20131223/009931.htm.

[16] 游资网.盘古越狱for iOS 8正式发布，捆绑PP助手[EB/OL].(2014-10-23)[2020-09-19].http://www.gameres.com/296695.html.

[17] 威锋网.太极一个程序员写给大家的公开信[EB/OL].(2014-11-29)[2020-09-19].https://www.feng.com/

post/8651589.

[18] 鲲鹏. 太极助手发声明：真没买通 evad3rs 团队[EB/OL].（2013-12-23）[2020-09-19]. http://news.mydrivers.com/1/287/287346.htm.

[19] 威锋网. Cydia 三大源已去其二 越狱真的走到头了？[EB/OL].（2007-11-24）[2020-09-20]. https://news.tongbu.com/95813.html？c＝4074.

[20] 悦潼. 乔布斯曾接受秘密治疗后悔当初拒绝外科手术[EB/OL].（2011-10-21）[2020-09-20]. https://tech.qq.com/a/20111021/000091.htm.

[21] 太平洋电脑网. 著名越狱黑客 Winocm 宣布将入职 apple 公司[EB/OL].（2014-02-24）[2020-09-20]. https://smb.pconline.com.cn/433/4332396.html.

[22] 果粉俱乐部. iPhone 越狱的前世今生，那个无序的时代已经结束[EB/OL].（2017-07-03）[2020-09-20]. https://www.sohu.com/a/154128968_116600.

[23] 科技巅峰汇. 没了中国市场，苹果手机在全球的出货量能在什么位置[EB/OL].（2018-10-30）[2020-09-22]. https://www.sohu.com/a/272154415_148820.

[24] 丁丁聊聊. 苹果 iphone 手机 2019 中国销量 2750 万台，同比下滑 21%，排行[EB/OL].（2020-01-30）[2020-09-22]. https://xw.qq.com/amphtml/20200130/20200130A07LNN00.

[25] 数码圈儿. 微信苹果二选一？显而易见！95% 中国人选择微信放弃苹果[EB/OL].（2020-08-14）[2020-09-22]. https://new.qq.com/omn/20200814A0NCXO00.html.

附 录

iPhone"越狱"大事记

2007 年

[1] 1月,乔布斯在旧金山马士孔尼会展中心的 Macworld 2007(初代 iPhone 发布会)上发布第一代 iPhone。

[2] 6月,苹果公司发布第一版 iOS 操作系统。该系统最初的名称为"iPhone Runs OS X"。

[3] 6月,第一代 iPhone 正式在美国发售。苹果公司与运营商 AT&T 签署了独家经销协议。

[4] 8月,黑客乔治·霍兹率先"破解"了第一代 iPhone 的"网络锁",使得它成了"全网通"。

[5] 黑客 Comex 开发出"越狱"工具 JailbreakMe。

2008 年

[1] 3月,苹果公司发布了第一个 iOS 测试版开发包,并且将 iPhone Runs OS X 改名为"iPhone OS"。

[2] 3月,杰·弗里曼推出 Cydia 的第一个版本。

[3] 4月,黑客团队 iPhone Dev Team 发布"越狱"工具 PwnageTool。

[4] 6月,苹果公司推出 iPhone OS 2。

[5] 7月,苹果公司在全球 22 个国家及地区发售 iPhone 3G。

[6] 7月,苹果在 iPhone OS 2 中添加了应用市场软件 App Store。

2009 年

[1] 6 月,苹果公司推出 iPhone OS 3。

[2] 6 月,苹果公司推出 iPhone 3Gs。

[3] 6 月,黑客团队 iPhone Dev Team 发布"越狱"软件 Redsn0w(《红雪》)。

[4] 7 月,乔治·霍兹研发出 Purplera1n(《紫雨》)"越狱"软件。

[5] 8 月,已有约 10% 的"越狱"设备(不限 iPhone)中装上了 Cydia。

2010 年

[1] 6 月,苹果公司在 WWDC(全球开发者大会)上发布 iPhone 4 和 iOS 4。

[2] 6 月,苹果公司将"iPhone OS"改名为"iOS",同时还获得了思科 iOS 的名称授权。

[3] 7 月,美国《数字千年版权法》修正案中对 iPhone "越狱"行为给出了明确的豁免条款。这表明用户对 iPhone 设备进行"越狱"是合法的。

[4] 8 月,Comex 发布 JailbreakMe 2.0 版本。

2011 年

[1] 2 月 5 日,黑客团队 Chronic Dev Team 发布全机种"越狱"工具 GreenpoisOn RC5 版,可以"完美越狱"iOS 4.2.1 的。

[2] 6 月,乔治·霍兹宣布加盟脸书公司。

[3] 7 月,Comex 推出 JailbreakMe 3.0。

[4] 8 月,Comex 宣布"金盆洗手",前往苹果公司担任

实习生。

[5] 10 月,苹果公司 CEO 库克发布 iPhone 4s 和 iOS 5。

[6] 10 月,苹果公司原 CEO 史蒂夫·乔布斯逝世。

[7] 11 月,App Store 开始支持人民币支付。

2012 年

[1] 1 月,黑客团队 Chronic Dev Team 发布了 Windows 版的 iPhone 4s/iPad 2 "完美越狱"工具 Absinthe。

[2] 6 月,苹果公司在 WWDC 上发布了 iOS 6,提供了超过 200 项新功能。其中尤其加强了针对中国用户的定制功能,包括 Siri 开始支持中文语言,系统整合新浪微博、163 邮箱等。

[3] 9 月,苹果公司发布 iPhone 5,首次通过使屏幕变长而不变宽的做法,把屏幕尺寸由 3.5 英寸增至 4 英寸,把手机屏幕的比例由 3∶2 调整至接近 16∶9。

2013 年

[1] 2 月,由 pod2g、planetbeing、pimskeks、"肌肉男"四名黑客组成的 evad3rs "越狱"团队发布了"越狱"工具 evasi0n。

[2] 6 月,苹果公司在 WWDC 上发布了 iOS 7,几乎重绘了所有的系统 App,去掉了所有的仿实物化,将整体设计风格转为扁平化设计。尤其令中国用户感到高兴的是,这个版本的 iOS 中终于添加了符合国人使用习惯的九宫格输入法。

[3] 9 月 10 日,苹果公司推出 iPhone 5c 及 iPhone 5s。

2014 年

[1] 6 月,"盘古"团队在世界范围内首发了 iOS 7.1.1 "完美越狱"工具。

[2] 9 月，苹果公司发布 iPhone 6 及 iPhone 6 Plus。

[3] 9 月，苹果公司发布 iOS 8，加入了来电归属地显示功能，此外还允许用户使用第三方输入法替换原生的输入法。

[4] 10 月，"盘古"团队发布 iOS 8 "完美越狱"工具。

[5] 11 月，中国"太极"团队率先发布 iOS 8.1.1 "完美越狱"工具。

2015 年

[1] 9 月，苹果公司发布 iPhone 6s 及 iPhone 6s Plus。

[2] 9 月，苹果发布 iOS 9。

[3] 10 月，"盘古"团队发布 iOS 9.0 "完美越狱"工具。

2016 年

[1] 3 月，苹果发布 iPhone SE。

[2] 9 月，苹果公司发布 iPhone 7 和 iPhone 7 Plus。

[3] 9 月 14 日，苹果发布 iOS 10。这是苹果推出移动操作系统以来最大的一次更新，尤其增加了很多特别适应中国国情的功能，比如骚扰电话识别、苹果地图进一步本地化等。

2017 年

[1] 9 月，苹果发布 iOS 11。

[2] 9 月，苹果公司发布 iPhone 8、iPhone 8 Plus 和 iPhone X。

[3] 11 月，Cydia 三大应用源头中的 ZodTTD & MacCiti 源和 ModMyi 源相继宣布关闭，只剩下 BigBoss 源还在苦苦支撑。

2018 年

[1] 9 月，苹果公司发布 iPhone XR，iPhone Xs 和 iPhone Xs Max。

［2］9月，苹果发布iOS 12。

［3］12月，Cydia之父杰·弗里曼在Reddit论坛上宣布关闭Cydia商店，后调整为"仅关闭商店购买功能"。

2019年

［1］9月，苹果发布iOS 13。

［2］9月，苹果发布iPhone 11、iPhone 11 Pro和iPhone 11 Pro Max。

2020年

［1］2月28日，"PP助手"宣布下线iOS版产品，包括"PP助手"iOS版、"PP助手"PC版等。

［2］3月，某黑客团队基于checkra1n的"越狱"解决方案，为安装有iOS 13的iPhone刷入了安卓系统并成功运行。

［3］4月，某黑客团队在无须"越狱"的前提下，给iOS装上了Windows 10系统。

［4］5月，某黑客团队宣布他们创造出一项强力"越狱"工具unc0ver。它可以支持2014年以来所有iOS版本的"越狱"。

［5］8月，美国总统特朗普签署行政令，强制要求自9月20日起，禁止美国公司或个人与微信的母公司进行交易。微信危机导致iPhone"越狱"再起波澜。

威锋网论坛搜索结果完整列表

表1 以"越狱"为搜索关键词的代表性主题帖

帖子主题	发表时间	回复数量
【更新支持9.3.5】【不需越狱】【破解5s/5c电信4g】【iOS9.0~9.3.5】【仅无锁1453 1533】	2015-11-27	5 470条
『WEIP技术组』Plugins & Extensions for 5s（5s插件集）（马年如意）（更新地址已换）	2014-01-01	4 737条
【支持9.3.5】【不需越狱、不需卡贴】【5s/5c 1528/1526刷ipcc破解移动4g】【iOS9.0~iOS9.3.x】	2015-12-21	4 050条
『IOS8插件汇总』『3月5日』『kuaidiall数据库更新到2月阎王最新』	2014-01-07	4 026条
【真正的完美】【越狱破解电信4g】【ipcc、cydia插件】【iOS9.33 iOS8】【仅无锁5s/5c】	2015-01-10	4 017条
【风靡全球之VSCOCam】（iOS7&8通杀）无需越狱12月最新更新101枚滤镜素材全解锁	2014-05-26	4 252条
iOS10越狱及相关插件等资源汇总（更新iOS10.2越狱）	2014-10-31	3 210条
【已停止更新】A1530 1528 1490 1533 1529 1526破解联通4G教程【亲测第45天】	2014-05-28	2 822条
『WEIP技术组』iOS7.1—iOS7.1.2完美越狱教程，工具开发来自国人团队盘古	2014-07-02	2 226条
2月4号更新 来电视频真正完美vwallpaper2 for ios7更新，高清视频教程，包教包会，送来电视频	2014-01-07	1 643条

续表

帖子主题	发表时间	回复数量
WIN 版降级工具完美教程，五步解决问题！！！（不用 SHSH）	2015-07-02	1 606 条
iOS12 插件源分享，停止更新	2016-06-02	1 585 条
【03-16 更新 0.1.7-2 PerfectTime XS】修复 cydia 等其他 app 闪退的问题	2019-02-23	1 104 条
致用 iPhone 的朋友！防丢攻略！！！	2014-04-06	1 103 条
12 月 25 日更新资源（全机型）关于 Live Photo 导入手机方法（6S/SP 无需越狱，6P～4S 越狱插件共享）	2015-10-02	947 条
（更新完结，待机超 3 天）越狱＝费电？说句公道话：恰恰相反！另附干掉邮件自动启动方法	2014-11-23	941 条
为了广大越狱用户的安全，请尽快修改 root 密码（非常重要！）2015.6.24 更新	2014-06-25	936 条
【小白教程】附带分享源＋插件＋常见问题解答 使用 Chimera 完整越狱 从下载到使用 一步到位	2019-04-30	919 条
1.21 更新 电信 4G/Band1 破解一体化教程（IOS8.X 适用）	2014-11-07	817 条
【新年快乐】RootlessJB3：iOS12.0～12.1.2 越狱工具＋pre-patched 插件	2019-02-05	810 条
有人说越狱后费电，但我的是相反的。有教程！更新 8.1～8.1.2 精简教程，很省电哦～	2015-01-19	768 条
【ios10.2 越狱教程】已更新最新越狱 IPA，附免除 7 天重签方法	2017-01-26	758 条
有锁机 5-5s-5c-6-6p 免刷机三网换卡－运营商修正－免 deb 去 CC 签名－及卡贴工作原理浅析	2015-03-15	743 条

续表

帖子主题	发表时间	回复数量
我来给 17 个越狱的理由，别再说越狱无用（2016.08.06 更新，补全插件名字）	2016-06-01	706 条
『WEIP 技术组』关于 iOS7 越狱后状态栏不正常的问题的处理	2014-02-19	696 条
《3/11 更新预案》iOS6.x～ios7.1 电源文件修改（使用 8 小时待机三天不是梦）新增其它优化	2014-01-08	696 条
关于此次越狱的惊天秘密!!! 被植入的证书。。。。	2014-06-24	693 条
Win 版降级菜鸟教程让你回到 ios6（已加入一键降级、越狱指导、旧版 APP 下载）	2015-07-02	692 条
【iOS3～8.1.X 字体】冬青黑体大字符集｜含简繁日三种字库和六种粗细｜杜绝闪退剃头	2014-02-06	689 条
ios8 吸取了越狱插件的很多，你们还越狱不	2014-09-07	683 条
【最新 IOS8.4】更新可以用的 IOS8.4 插件，大家帮忙收录～～～～～～～～～撸啦啦德玛西亚	2015-07-01	679 条
WIN64 位系统下 IOS11 平刷升级全面教程【需 shsh2 和固定随机值】	2018-01-20	673 条
【燃烧你的显卡与激情】iphone6 plus 运行 PSP "卡翔"巨作【战神：斯巴达之魂】第 2 部已上传	2015-01-23	671 条
越狱最新消息！爬了通宵的推特，哈哈，越狱终于来了	2014-04-22	664 条
iOS7 自制固件 SmartRAMi2e for iPhone4 正式/越狱版终于来了	2017-09-26	657 条
做了两个多小时的成果，看看哪里不协调？	2015-07-16	650 条
IOS7 越狱美化——原创 Superman 4S 5S 通用	2016-08-30	648 条

续表

帖子主题	发表时间	回复数量
IOS12有锁电信VOLTE去卡贴,更新官方电信VOLTE图文小白教程	2019-10-24	647条
【3-30再编版】提取版Elite7!+我喜欢的阴影效果…	2017-06-03	647条
降级龙卷风来袭:降级至iOS6.1.3教程精华帖汇总	2017-09-06	638条
分享几个超级实用的插件,越狱必装、简约美化(浪漫雅圆字体和汉化文件已经上传)	2016-07-26	631条
6sp 10.2 B7越狱目前兼容的40个源地址和170个完美兼容的插件分享,希望有你要的!	2017-02-03	626条
本版首发Katrina Pro 1.31版本,主屏挂件,iOS13越狱源分享(6月8日更新)	2020-02-06	619条
8.13的朋友快升8.2b2可以完美越狱。(8.2B2于2015年2月27日凌晨完成自身使命)	2015-02-22	618条
[4月12日更新卸载方法]最近沸沸扬扬的免流详细教程【伸手党绕道】	2014-04-11	608条
8.26更新(多图,流量用户慎入)最强大、实用的插件,最简洁耐看的美化	2015-07-06	608条
不明白为什么你们要越狱	2014-11-05	599条
(7月27号更新)9.2-9.3.3越狱需知与问题解答附带解决方案	2016-07-25	598条
百度输入法_Lite v4.3.0.19优化精简版 优化后台耗电,资源占用,屏蔽升级和通知等~	2014-07-13	595条
【是8.11的,非8.3,自测效果。文件夹透明!activator适配ios8】透明dock栏,更改字体,去桌…	2014-10-26	594条

续表

帖子主题	发表时间	回复数量
★微博★QQ 聊天★QQ 说说★微信【显示来自 iPhone6 Plus 客户端】	2014-09-10	592 条
免越狱支持 IOS8.1 微信 6.0 多开制作技术教程（改为图文教程版）	2014-12-05	579 条
让小 4 再次发光发热 LUOBO iphone4 无 SHSH 降级 6.1.2、5.1.1、4.3.3 降级教程	2014-05-19	576 条
关于 7.1—7.1.1 盘古完美越狱问题收集，有了问题来这里找答案，欢迎广大封釉反馈 bug	2014-06-24	574 条
自用插件、美化大杂烩，玩 Hi 我的 iPhone（7.14 更新，相机透明全屏预览）	2014-03-07	572 条
ios8 通知中心小插件合集，Launcher 下载及使用教程，可添加蜂窝数据开关（亲测 8.1 支持，好久没…	2014-10-18	571 条
V 版 5c（A1532）破解电信 4G 网络 iOS8 系统带 Band1，最新教程【07.22 支持 iOS8.4】	2014-12-26	569 条
【Jabi 微信美化—第三弹】简线微信主题—jabi	2017-02-09	567 条
Workflow 汉化	2017-05-10	563 条
编写好了，更新 613 完美降级信号出现（完美越狱了）无需 shsh 分享教程　动起手…	2015-06-28	554 条
你知道在 ICLOUD 里点击丢失模式和抹掉 IPHONE 后果会怎样吗？亲测告诉你	2014-07-19	553 条
我同学花了 500 块越狱，大家讨论讨论	2015-02-06	551 条
iPhone 换字体就和换主题一样方便，即时生效不用备份和手动替换，bytafont2 神器使用教程！！	2015-07-13	549 条
【雪铃儿分享】7.12 越狱后，个人美化及插件推荐（简洁和稳定才是美	2014-07-02	548 条

续表

帖子主题	发表时间	回复数量
【特务小雙】iOS 7 越狱后添加源、插件与其他常见问题汇总（春节期间不再更新）	2014-01-24	548 条
【有锁测试报告来啦】6PLUS 日版有锁试水！	2014-10-12	548 条
壁纸已附上，添加气泡－微信－24K DIY 美化免激活版－免去删除重建文件激活，打开直接使用	2016-06-29	547 条
RootLess 越狱：iOS11.3.1 安装插件成功！附教程	2018-07-05	546 条
『WEIP 技术组』盘古－轩辕 iOS8 越狱后最简单的终端安装插件方法	2014-10-23	546 条
✿Show 高质量的 iOS8－9 插件（Plug-in）推荐✿更新时间 2015.11.18 ✿都来感受 6s 上的 3DTouch✿	2014-12-11	539 条
『WEIP 技术组』IOS 7.1.1 全系列官方正式版固件直接下载地址	2014-04-23	538 条
【威锋首发】Quickdo＋Kuaidial 更新啦～ 6S IOS 9.0.2 越狱后美化＋插件＋字体，10.24 已更新，小伙伴…～	2015-10-15	537 条
IOS10.1～10.2.1 抹掉设备插件无法使用的情况下修复 Cydia 红字	2016-12-26	534 条
再见，最后的越狱『IOS9 美化系列 6/6S』o（≧ v ≦）o ☆集合＋整理★ 绝更	2015-10-30	533 条
【一起来看看这些买了 iphone6 的"重度强迫症患者"有多累】不定期更新各种瑕疵、毛病	2015-01-15	531 条
5.1.1 版可用的软件请从 91 手机助手下载，（越狱版）	2015-01-09	525 条
搬运刹那 苹果 6 和苹果 6plus 原封未激活＋鉴别气孔＋真假配件＋验证保修教程	2015-02-21	523 条

续表

帖子主题	发表时间	回复数量
首发 iOS10－iOS12.1.2【Succession】新平刷工具教程【解决卡 DMG】问题【更新】	2019-04-24	522 条
【Jabi 微信美化—第四弹】扁平风微信主题—jabi	2017-03-09	521 条
【精】任何 4s 超详细 Win 版降级教程，请戳进!!!	2015-07-03	518 条
最强合集！越狱、疑难杂症、插件、源、教程	2019-02-28	517 条
插件 打造属于自己的 iPhone	2014-12-14	514 条
『WEIP 技术组』IOS 7.1 全系列官方正式版固件直接下载地址	2014-03-11	511 条
求加亮！已重新编辑！不定时更新！ip4 越狱后美化超频精简教程	2014-06-29	509 条
状态栏分享（圆点 ios11 信号 信号塔 ios6 信号 翅膀 ios12 圆圈 数字 九尾狐）持续更新	2018-08-08	507 条
【10月30日】免越狱修改手机定位，想去哪就去哪，支持 ios6－12，兼容 xs, xs max	2018-06-25	503 条
不看后悔 今日更新 Kuaidial & 截图 Snapper 亲测力推越狱 iphone6s/plus ios9 必备实用插件软件源	2015-10-16	503 条
[1125 最新更新] 1533V 版澳门版（部分国行）破电信 4G-LTE 教程 适用于 7.1.X/8.X.	2014-10-28	502 条
咳咳！ios12 越狱进展！（持续更新）	2019-02-01	500 条
越狱来了。。但继续分享爱奇艺会员 [!!!工具失效!!!]	2016-07-11	497 条
1月7日更新～【造福小众】AV 国有锁 iphone5 SB、AU 等 7.04 越狱后各项设置 现已近乎完美 欢迎指点	2014-01-04	495 条

续表

帖子主题	发表时间	回复数量
分享个超赞的 iOS 7 主题 Axle IOS7.1.1 可用 新增改良版 ❤	2014-04-17	492 条
全威锋首发！10 系统真正可用的真后台插件！后台挂游戏！挂任何软件！	2017-04-12	491 条
关于早晨 ios7.1.1 完美越狱的帖子声明	2014-05-20	488 条
隔夜充电手机重启、越狱失效的原因和亲手解决方案（不信任第三方源解决方案的同学请.	2016-08-12	488 条
越狱两天，发现被 APPSTORE 里已购项目被下载了好几个 AAP，只想说，很可耻！	2015-06-29	487 条
教大家联通 5S A1528 使用 4G LTE FDD 方法－亲测 10 天稳定	2014-03-15	485 条
2016/7/26 分享一波插件，都是自己正在用的！实用很赞！！！一直更新	2015-11-06	485 条
【99.9999%】的人越狱后必装的 Cydia 插件 For iOS8.4	2015-07-12	484 条
【3月26日更新】完美电信 VoLTE，最新固件原生提取分享，并测试	2019-01-03	484 条
（10月19）没有 OpenSSH, iFile, AFC2, 修复手贱抹掉所有后 Cyida 红字 "Could not open file /var/lib/dpk...	2016-10-01	483 条
ios9.02 无 SHSH 降 8.4.1 详细教程	2015-10-20	483 条
10.3.X 越狱 G0BLIN & doubleH3lix【附越狱图文教程】◆◆	2017-12-30	482 条
iOS 12 越狱自用插件分享，以及越狱源推荐，请拒绝第三方中文源（转载自一只小果子）	2019-05-05	481 条
IOS8.0－8.1.2 Semi-Restore 还原或 ilex rat（冬青鼠）还原，亲测带教程。	2014-11-18	481 条

续表

帖子主题	发表时间	回复数量
A7~A11 任意刷 ISO12~iOS12.12 小白教程（20190421 更新）	2016-07-30	479 条
两个不眠夜，亲测 9.3.3 越狱兼容插件推荐！总有一款你需要	2016-08-21	477 条
『WEIP 测试组』修复 iOS 自带壁纸消失问题，iOS5－iOS7 通用，3.12 更新未越狱解决办法	2014-03-04	477 条
(IOS12 进程精简) ＋一键删除脚本！	2019-08-20	476 条
【魅影】iOS7.1.x 美化＊教程＊素材＊字体等 不定时更新－8 月 25 日 替换拨号键盘无效方法	2014-07-10	476 条
9.27 威锋首发 ID 激活锁牵扯出来个人安全性问题 深度解析各种骗术 广大锋友谨防上当！	2015-09-28	475 条
教你怎么安装 virtualhome（指纹触摸），IOS9 越狱完美使用！	2015-10-15	473 条
金苹果推荐：1533 8.3 和 8.4 破解电信安全、方便 4G 方法（详细图解）	2015-06-26	470 条
10.3.x 完美使用的功能性插件合集，图片有中文对照，自己看吧	2018-01-20	469 条
【SemiRestore9】1.0.4 发布更新－保留越狱状态平级恢复工具兼容 iOS 5－iOS 9.1	2014-11-24	467 条
8.3 的越狱已出，需要可用 springtomize 3 进来看，这些插件你值得拥有！！！	2015-06-06	467 条
【半个馒头作品】全中国首发：全新 128G 未拆封 iPhone6s 拆机换炫彩巴黎钉彩壳超清视频教程	2015-09-28	466 条
1.10 更新 18.1 运营商，band1 电信 4G，去运营商更新，有锁机解锁 3 网、4G 教程，美日版通用	2014-11-16	464 条

续表

帖子主题	发表时间	回复数量
IOS8.1.2越狱后源和插件实测分享（解放home、内购、快捷开关、来电归属和快捷拨号等）	2014-12-25	463条
论坛首发【NG电影破解版】和【MH影视】2个看片神器，满足大部分机友需求	2018-10-12	461条
[1号更新看开头] 4S降级 ios7.0－8.3完整降级教程工具命令 SHSH 模版一键做 SHSH 工具.感谢alechy制作	2015-10-26	460条
『WEIP 技术组』iOS 8.2全系列官方正式版固件直接下载地址	2015-03-10	459条
【战无不胜】【老系统福利】iOS 5/6/7，修改代码，完美安装需要系统 iOS 8 的程序＋游戏。	2014-10-09	459条
【4/3 更新】pkgbackup5.4.7 汉化破解版。备份 cydia 源、插件，刷机备份的神器。	2014-02-11	449条
【11/29更新屏蔽运营商】日版 5S AU 的福利来了双模卡联通完美 3G FT IM 热点 本机号码，完。..	2014-11-01	447条
乐视 5.9.1.2 完美 VIP/去广告，100% 能用，直装版—By BaiShuiLaoRen	2015-12-02	446条
【10月14日】Windows下降级 4S 到 6.1.3 详细图文及错误解决方法（支持 ios9）	2015-07-03	445条
[教程技巧] 全面优化、美化你的 5s、介绍实用插件、值得一读 不定期更新 1.20 更新	2014-01-17	445条
很多人降级 613 了也越狱了，但插件茫然了，必须的几个我来分享一下！	2015-07-01	443条
[issacHo] 3月21号19：36更新!! 新年新春无料大放送.总结 iOS7 偏门插件大分享	2014-01-28	441条
【A1528最简单完美移动 4G】通话无杂音 秒回，facetime iMessage 完美激活	2014-10-31	439条

续表

帖子主题	发表时间	回复数量
iOS9.3.3"盘古"极致美学 越狱美化教程【左莫原创】	2016-08-11	436 条
完美主义恋旧癖的福音～～～成功解决 iphone 照片乱序问题（原创）!!	2015-01-08	436 条
【更新】7.12 插件分享 付费正版提取 越狱不死即更新	2019-03-07	433 条
[亲测可完美越狱] 7.0.6 威锋首发固件下载	2014-02-22	431 条
【小帅原创】IOS7 越狱插件、美化、BUG 解决集合帖子～情人节 11 点更新～～～～	2014-01-17	427 条
【LivePhotos】自制 LivePhotos 小视频分享，以及完完整整的教程	2015-10-11	426 条
全球首发 Photoshop Touch 中文汉化版 for iPhone 1.3.7 版本!! 美图党的神器，只要你会 PC 版的 PS!	2017-02-14	424 条
A1429 升级 7.1.1 后不用越狱 三网通用 附补丁下载 7.1.2 也可以使用哦	2014-03-11	423 条
【分享】终极篇—IOS12 越狱资源全网锦集，应有尽有	2019-05-30	422 条
iOS9.3.3"小众"实用性极佳越狱插件推荐－附极致美化壁纸【左莫原创】	2016-08-20	422 条
Linux（ubuntu）下 iphone4s 降级图文教程（绝对不需要你们赞助）	2015-07-01	422 条
推荐几个小众而炒鸡实用的小插件（2015-09-16 又更新了几个）	2015-08-05	419 条
【UN 原创 6 月 30 日更新 icon tool】正版提取 BioProtect 插件以及用的插件和主题 只下不回木有 JJ	2014-06-25	415 条
■■1.10 日最新全套图标已放出■■精品 ios7 图标■■1 月 6 日晚更新 和谐中寻找.	2014-01-03	415 条

续表

帖子主题	发表时间	回复数量
Win 下 9.1－9.3.4 降级至 6.1.3 图文 教程！（非常感谢大神@极端阴险）	2016-12-25	414 条
♛♛ 7.1.1 越狱后可用插件（楼主亲测）在线更新♛♛	2014-06-24	411 条
［预告］威锋网客户端 V3.0.1 即将发布，支持新闻视频，滑动翻页优化更流畅，现在可下越狱版	2014-01-03	411 条
5s 7.1.1 系统 OTA 升级 10.3.3 成功	2018-01-14	408 条
（已更）非原创，分享天天跑酷最新 IOS 破解版，2W 米不异常！（请详细看完红字）	2014-02-05	406 条

表 2 以"越狱风险"为搜索关键词的代表性主题帖

帖子标题	发表日期	回复数量
越狱＝费电？说句公道话：恰恰相反！另附干掉邮件自动启动方法	2014-11-23	941 条
『WEIP 技术组』关于 iOS7 越狱后状态栏不正常的问题的处理	2014-02-19	696 条
9.27 威锋首发 ID 激活锁牵扯出来个人安全性问题 深度解析各种骗术 广大锋友谨防上当！	2015-09-28	475 条
警告：不要越狱！后果真的很严重！后续。。	2015-07-04	343 条
非 AppStore 下载的软件安全吗，给你答案	2015-02-05	274 条
【再见】对于越狱我想说一下，滚蛋吧越狱！！！！	2015-09-07	210 条
看到最近这么多人 id 被盗，过来人给点解决方案，希望能帮到需要帮助的人	2016-03-06	193 条
疑似越狱后手机确实有后门，理由进来看	2015-07-06	184 条
更新：7.04 全景相机有严重 bug，已经确定为普遍问题，大家可以试一下	2014-01-02	164 条

续表

帖子标题	发表日期	回复数量
终于找到8.3 8.4耗电问题，分享一下！	2015-07-04	180条
彻底完美解决 天气计算器 浏览器 邮件闪退．	2014-01-04	159条
关于越狱，我们感谢盘古，但是我们也有权利追求完美．	2016-07-26	156条
4S——IOS8.0.2 真实体验！	2014-09-27	143条
（钱已找回）我已入狱，封釉们，注意自己的隐私（赤果果的教育—别说我怪越狱	2015-09-06	137条
10.2越狱必须要注意的几个危险地方！	2017-01-27	129条
曝光。我被这个害人贴坑死了，千万别试！已经手贱的我给你解决办法。	2016-10-19	119条
尽所能帮忙解决 iPhone 各种问题	2014-12-20	119条
再次提醒！6.1.4 的封釉们千万不要安装 FLEX 2 中文云端！只是告诫614 这里没有喷 FLEX2！！	2014-01-05	116条
关于锋友升级 iOS7.1 感言（311 新添 iOS7.0.6 部分测试视频）	2014-03-11	115条
关于大家关心的 163 信箱做 Apple ID 账户的一些建议想法！（126 和 yeah 也需要特别注意）	2015-12-16	115条
今天加入 Apple 家庭，不再越狱了，入狱也挺好多体验原生态的 IOS，期待 apple 越来越好！	2014-01-07	109条
本来我都不相信越狱会被盗刷的，不管你信不信，反正现在我信了，不服来辩，点击此链接	2015-07-18	109条
Nactro 团队致歉声明与插件相关更新内容	2019-03-26	109条
在这提醒大家不要盲目精简进程！！	2014-06-28	107条
妈妈再也不怕我越狱之后抹掉数据不能用 Cydia 了。没有 afc, ifile. ssh cydia 空白的 Come On！	2017-02-11	104条

续表

帖子标题	发表日期	回复数量
爱思助手一键 iOS12.4 降级 SHSH 对应的系统	2019-08-22	103 条
悲催啊！1528 手贱升级固件，用不了 4G 了！	2014-02-24	102 条
专为 ios8 设计—iOS8 节电降热补丁	2014-11-01	100 条
盘古团队替 PP 越狱出头了，矛头指向太极 8.4 越狱工具！	2015-07-01	99 条
我来分析这次越狱吧！反正被黑！看了就明白了！	2014-06-25	98 条
重大安全隐患！！！大家不要再用太极越狱了！！！	2015-07-19	96 条
关于孝廉越狱和论坛这么浮躁的情绪，我多嘴两句。	2018-06-25	95 条
apple id 被盗，大家小心！越狱的更要小心！	2015-12-09	94 条
关于越狱的安全性，请经历过的朋友来投票。	2014-11-02	89 条
越狱有被盗号风险！	2019-08-23	88 条
这些都是你们这几天逛论坛看越狱需要关注的地方	2017-12-25	88 条
关于那些无限鼓吹越狱的，你是真的那么需要吗	2016-08-20	83 条
深夜收到一条支付宝验证信息，吓尿了 是的，有图	2015-07-20	83 条
你们那些动不动就 7.1 越狱的，动不动就捡手机的，我想跟你们说！	2014-04-29	82 条
越狱后不能使用支付宝指纹支付？可以！但请听我讲完，长篇大论，可以直接看结果~~~~~~	2015-06-30	82 条

续表

帖子标题	发表日期	回复数量
越狱所有问题我都遇到，面容，定位，相机失效？	2019-09-24	81条
关于越.狱，我有话说	2018-07-08	81条
强烈建议 起诉 刀八木	2015-08-29	77条
希望大家不要随意跟风越狱！	2018-09-01	75条
越狱玩了一天又进坑了	2017-05-19	75条
有多少人不选择越狱了？我想知道，告诉我吧	2016-07-31	73条
小7越狱几日，个人稳如狗，发发总结	2017-02-14	73条
谈谈苹果，谈谈越狱，谈谈威锋，谈谈移动4G！	2014-01-04	71条
这次越狱的一个负面看法	2015-06-24	70条
(8.17更新) 9.33越狱后使用几天终于找到哪个插件耗电	2017-03-01	70条
11.3.1越狱后无cydia清除越狱环境重新越狱	2018-07-08	68条
涨姿势 iPhone越狱与不越狱区别！	2015-02-28	65条
越狱后，只要你不修改ROOT权限，只要取到root权限，意味可对你的手机做任，附修改方法...	2014-01-13	64条
求解，网上买的4s中招了，有哪位大神能帮小弟出出主意	2017-03-18	64条
你真的需要越狱吗？	2014-05-18	62条
致不明真相的观众（搬自盘古微博，希望大家看看。手机端好内容无视排版。）	2014-06-25	60条
关于最近的微信封号	2019-07-10	59条
iOS最好别越狱	2015-06-25	59条
iOS最好别越狱	2017-04-04	58条

续表

帖子标题	发表日期	回复数量
玩机需谨慎，越狱有风险	2015-10-19	54 条
被盗刷榜了就修改一下密码，别 BB 了	2015-07-26	54 条
理性分析下关于越狱。	2017-04-29	54 条
IPHONE 越狱后添加源、插件与其他常见问题汇总	2014-02-13	54 条
越狱一周，终于我又清除了。	2018-07-16	53 条
未越狱的 IPHONE 也不是绝对安全，朋友支付宝被盗	2015-07-08	53 条
完美解决 cydia 更新出现 http/1.1 404 not found	2014-01-07	53 条
越狱＝费电 新手必看	2016-07-01	53 条
【吹毛求疵处女座新手购机经历、个人使用心得和靠谱软件推荐】!!!	2014-02-24	53 条
越！还是不越？iOS 越狱的风险究竟是什么？	2014-01-05	51 条
IOS7.1.2 或更高固件即将发布，越狱工具公布在存在有重大安全漏洞的版本上概率很低。	2014-05-06	49 条
为什么要越狱（多数人喜欢对号入座，如果说得不是您请绕行）	2014-02-09	48 条
（搬运工）【太极 iOS 越狱存重大安全风险】	2015-07-01	48 条
从"痛不欲生"慢慢到现在的习惯	2014-10-14	45 条
11.3.1 越狱教程，自己整理的，希望对大家有帮助。越狱有风险，同志需谨慎	2018-07-07	44 条
越狱风云之英雄有泪	2017-04-27	44 条
恕我直言，真搞不懂越狱的必要性在哪儿！	2016-08-01	44 条
ios11.3，A1528，我的 5S 终于可以用 4G 啦！	2018-08-15	44 条

续表

帖子标题	发表日期	回复数量
劝你们别越狱了，好不好	2014-01-06	43条
我说越狱	2014-04-13	42条
越狱的目的，真正的价值。太长了很多人不看	2016-04-05	42条
纠结系统耗电的不妨进来看一下	2014-07-11	42条
越狱有风险啊，中招了。不要乱点图片。会中ID锁机的	2015-11-22	41条
iPhone6不再选择越狱的8个理由？是否曲正自己决定（转载的）	2014-12-18	41条
关于要不要越狱，有些人说来电归属有了，输入法有了，不需要越狱了，我想说，……	2014-10-24	40条
小白想越狱 求阻止	2017-01-05	38条
关于这几天国人越狱 个人观点（水贴）	2014-06-13	38条
Twitter上的越狱风波！	2016-06-03	38条
越狱，我说你真闲的蛋疼	2014.15	37条
看了几篇攻击盘古越狱的一些文章，发现其中惊人的相似共同点！！	2014-07-01	37条
开个帖说一下心里话。	2016-04-09	37条
降级？越狱？升4G？有意义么？	2015-11-05	37条
对于越狱的看法，极度危险	2016-07-25	36条
苹果再次强调iOS设备越狱不保修：违反授权协议	2014-12-02	36条
ios10不想降级，可是越狱的魅力好大 求说服	2016-07-25	36条
iphone中国市场下滑最重要的原因，一名真果粉的心声！！！！！！！	2017-03-02	36条
刚刚看了锤子手机发布会 有感	2014-05-21	36条
避免手机发烫，10招破解	2014-08-04	36条

续表

帖子标题	发表日期	回复数量
我是一个逗比,越狱后啥都干不了……	2014-03-01	36条
关于这次越狱大家不要高兴得太早了!	2016-07-24	34条
转载:你还在天天盼着出狱,这才是越狱的正面声音	2014-05-07	34条
凭良心讲,小4确实值得升到7.1,除非你很喜欢越狱。	2014-07-11	33条
闲余时间,说说论坛时事～～中文源!!	2019-02-26	33条
关于这次的越狱临时签跟一年签,给大家说说利弊	2017-02-25	33条
大家觉得越狱对手机的安全性有影响吗?	2014-07-06	32条
越狱到头来又是一场空,所谓的大神都垃圾,没工具一切都废的。	2016-06-18	32条
惊险的7.12越狱	2014-07-01	31条
关于这次越狱,一直潜水的小苹果真心忍不住了!	2014-06-25	31条
写个虚拟内存科普,论坛的科普比较水,利弊我都会写清楚,看完自己决定是不是要开?	2017-02-06	31条
关于ios7.1未封堵越狱漏洞的个人见解	2014-01-21	30条
谈一下越狱后日常使用感受	2014-06-25	30条
建议大家先不要越狱,等一等.	2015-06-24	29条
为了快3秒钟而越狱,牺牲了大量待机时间	2014-03-03	29条
越狱后,App store无法正常更新或者下载软件,讨论一下解决方法	2015-01-30	29条
7.05越狱后感觉直接废了	2014-02-11	28条
这是bug还是新发现 你们任何人都不可能发现的 发现了我吃翔	2014-07-26	30条

续表

帖子标题	发表日期	回复数量
重大发现@越狱的危险性 天天论坛求越狱的兄弟注意了!!!!	2017-05-28	27条
求助帖～各位大神还有别的办法吗，想恢复到未越狱	2017-03-10	27条
7.0.4越狱后出现过自动注销的进来一下冒个泡呗!!!!	2014-01-29	27条
发现7.1.1一个危险的BUG	2014-10-11	27条
手机发烫，关于，configd，locka，已更新解决方法。	2015-10-17	27条
7.1.2验证关闭。自带系统越狱风险有多大。	2014-09-27	26条
大家的苹果都越狱吗？	2016-09-26	26条
真不知道越狱越来干嘛一个个跟S.B似的	2015-07-10	26条
说实话 有人觉得半越狱是好事 挺奇怪的	2019-02-23	26条
一直讨论越狱安不安全有意义？	2019-03-02	19条
已经放弃越狱!!!!	2014-10-26	19条
忍不住与各位狱友分享喜悦，9.33越狱最新动态，不喜勿喷。	2016-07-24	19条
讨论一下，关于越狱，假如你掌握漏洞。	2015-07-24	19条
越狱真的有点危险，	2015-07-14	16条
越狱之后的郁闷，自动开屏，自动SIRI？现在是我，下一个可能是你!!!	2014-07-15	15条
妈蛋，昨晚吓尿了！	2014-08-16	15条
[转]iPhone越狱和不越狱的比较	2018-04-19	14条
经测，又一插件可用。另，给一些徘徊在升与不升，越与不越之间的锋友一些建议。	2015-10-15	14条
关于越狱那点事儿……	2014-06-16	14条

续表

帖子标题	发表日期	回复数量
4S刷机未知错误29！！！！！	2014-07-16	14条
越狱之后用指纹支付有风险吗？大吗？	2016-12-16	13条
手机入狱了	2014-06-11	13条
手机莫名其妙的被装了风行视频	2014-07-08	13条
浅谈越狱的那点事…	2016-05-03	13条
真心觉得现在没必要折腾越狱。	2014-10-24	11条
越狱有风险，谨慎谨慎再谨慎啊。。。	2015-01-07	7条
越狱系统换电池真的有风险吗？天才吧不给换	2018-01-13	7条
求助大神！！！！！7.1.1越狱后手机抽风	2014-08-06	7条
越狱错误？常见问题集合	2015-01-28	5条
问下ios8.1.2越狱后问题！！！！！！	2015-02-10	3条
11.3.1越狱后屏幕录制没有系统声音。	2018-07-12	2条
对于盘古越狱的讨论	2014-06-25	0
本人6P10.2越狱了不怎么完美 出现软件闪退	2017-04-23	0条
11.1.2越狱错误	2018-07-28	0条
又要降级又要越狱，现在是最危险的时刻……	2015-06-30	0条

表3 以"越狱调查"为搜索关键词的代表性主题帖

帖子主题	发表时间	回复数量
『WEIP技术组』 iOS 8越狱帖（8.0.X－8.1.X更新完毕）	2014-10-23	1 662条
（更新完结，待机超3天）越狱＝费电？说句公道话：恰恰相反！另附干掉邮件自动启动方法	2014-11-23	941条

续表

帖子标题	发表日期	回复数量
（7月27号更新）9.2—9.3.3越狱需知与问题解答附带解决方案	2016-07-25	598条
【WEI新闻组】调查：没有越狱，你是否毅然决然地升级7.1？	2014-03-12	359条
区别新版Activator和virtual home，用事实说话：越狱后耗电量测试！测试完结！！！	2014-01-02	282条
闲聊几句iPhone越狱的好处	2016-12-14	262条
急急急，越狱过一次就不能被保修？	2014-08-13	243条
IOS8.1越狱后，到底有没有一款完美的手势插件？	2014-11-21	172条
调查一下坚定留守iOS 8.1越狱的朋友有多少？	2014-11-18	138条
IOS8越狱秒发，你会越狱吗，快来调查看看	2014-10-22	131条
请说出你越狱的理由！越狱为了什么？	2014-06-19	129条
越狱耗电排查	2020-02-17	127条
调查一下你们的5S越狱了没	2014-01-05	124条
所有参与越狱或者想越狱的同学进来关系到未来IOS7.1到IOS8越狱，不开玩笑	2014-05-18	124条
做个调查，越狱年龄段	2014-06-23	100条
看看越狱的多还是不越狱的多～做个小调查！	2014-01-25	97条
4S 7.1.1越狱成功与失败，请来投票	2014-06-25	96条
8.4越狱发热调查	2015-07-03	94条
iOS9.2~9.3.3，越还是不越？给您带来全方位分析	2016-07-26	91条
越狱，你真的需要吗	2014-01-06	91条
8.1越狱后你会选择安装PP助手还是兔兔助手的调查.	2014-11-19	88条

续表

帖子主题	发表时间	回复数量
这些都是你们这几天逛论坛看越狱需要关注的地方	2017-12-25	88条
越狱后不能使用支付宝指纹支付？可以！但请听我讲完，长篇大论，可以直接看结果~~~~~~~	2015-06-30	82条
越狱的FY们，你们有没有想过Touch ID的问题？	2014-05-20	80条
ios7.0（11a466）如何完美越狱？	2014-05-13	65条
7.1.1越狱讨论．成功失败的进来．	2014-06-24	64条
越狱后的第一件事（插件，源，等）	2014-06-26	59条
越狱后，你是如何触发多任务界面的？	2014-07-30	56条
iPhone5 越狱 与 入狱 调查 进来的必须投谢谢合作	2014-05-12	48条
越狱成功率调查	2018-07-07	46条
为了新越狱做准备 IOS11.3.1调查一下到底耗不耗电？？？	2018-05-31	44条
越狱细节你们发现了吗？	2016-07-26	43条
调查一下你们X现在保持在什么系统？用什么工具越狱。	2020-05-14	41条
扩容过的6sp 10.2到底能不能越狱！？？ 求解答	2017-02-28	39条
8.1.2想越狱，用哪个工具好	2015-01-24	38条
【调查】假如9.2越狱第一个是插件？	2015-12-14	37条
真想做个调查，玩越狱的都是哪个年龄段	2020-03-26	37条
大家越狱后用什么应用商店 来投个票做个调查吧	2014-01-25	37条
讨论一下，越狱后你的苹果设备是否还安全，是否会中毒！！！	2014-01-14	37条

续表

帖子主题	发表时间	回复数量
关于一个过来人给越狱童鞋们的一点小建议	2019-03-20	37条
如果ios8可以安装第三方插件,你们还选择越狱吗?	2014-06-01	37条
9.3.3的iPhone6越狱后奇怪的掉电发热现象,你们有没有?	2016-08-17	36条
港版5S、9.3.3越狱后晚间充电会在半夜1点左右重启,是个什么原因呢?	2016-08-05	36条
说实话我越狱就是想弄个9宫格,你呢?	2014-03-19	33条
越狱了电脑怎么查看手机的文件	2018-01-18	32条
\\越狱的好处\\近期库粉们大赞苹果新系统越来越完善,没有必要越狱的,大家总结下吧	2017-07-28	32条
越狱调查贴,到底多久没越狱了	2015-12-13	31条
升级到8.1.1发现:电脑打开手机相册,全被分割成N个文件夹了?怎样解决?	2014-12-03	31条
■投票■【越狱否,你怎么选】越狱或将成为过去吗?	2014-10-21	30条
关于IMessage垃圾短信与越狱的问题帮忙做个调查!	2014-12-16	29条
调查一下711和712的越狱前后的耗电情况,希望大家都来投票啦!	2014-07-21	29条
关于iphone7 10.2越狱大揭密!!	2017-02-09	29条
ios9.1－9.2的完美越狱的最新消息,不知道真假,好期待好期待!!	2015-12-15	28条
已越狱的iphone怎么升级系统	2014-04-01	27条
越狱后大幅省电 未越狱则非常耗电 怎么回事?	2015-06-27	27条
高铁上卡到没脸见人的9.2.1系统的4s,还有没有越狱降级的可能?	2016-09-18	27条

续表

帖子主题	发表时间	回复数量
关于7.1.2越狱工具的小调查,到底是1.0稳定还是1.1?	2014-07-02	26条
越狱后大家的自动亮度调节失效了吗	2020-02-16	25条
日版7.06越狱有没有办法调出九宫格输入法	2014-04-01	25条
盘古团队座谈:iOS9破解为何如此艰难?9.1越狱工具何时发布?	2015-11-11	25条
5S越狱之后再还原正版系统,能查出来越过狱吗?	2014-05-08	24条
如何让越狱后的iphone恢复出厂设置?	2018-06-29	24条
为毛越狱后就容易白苹果?	2014-11-30	24条
越狱可以干什么。	2014-05-11	24条
请问下音量键坏了,越狱后有什么插件可以调音量~~~	2014-06-27	23条
有屏幕密码锁的iPhone怎么越狱	2015-06-27	23条
借这次越狱做个小调查,你们iphone关机吗?	2016-07-24	22条
ios10越狱范围	2016-12-24	22条
国行6plus,越狱后再刷回去还能保修吗?	2015-01-28	22条
越狱失败 看图 什么原因 从10系统开始就没 越狱成功过	2017-02-02	22条
IOS8.1.3是否真的有越狱的必要么??	2015-03-07	22条
(转载)iOS 9.2—iOS9.3.3越狱问题反馈和常见问题解决办法	2016-07-24	22条
iOS9.0.2越狱后提示存储已满的简易解决办法修正	2015-10-20	22条
【查找我的iPhone】特大bug,越狱设备的IOS设备注意了!!!	2014-02-20	21条

续表

帖子主题	发表时间	回复数量
12.1.1越狱后有能查看WiFi密码的插件吗？或者wan neng yao shi之类的	2019-03-07	21条
iPhone x11.4beta3百分之90激活越狱的方法。	2018-07-18	21条
关于7.1.1越狱你我能做的事。	2014-06-19	21条
关于9.2—9.3越狱的最新情况	2016-04-01	21条
解决10.2越狱后连不上pietty或putty	2017-02-01	21条
现在iphone还有必要越狱吗？有点折腾之嫌……	2018-08-08	21条
如在设置里抹掉所有内容和设置，会破坏原来的越狱吗？	2015-06-17	21条
9.1越狱感受	2016-04-06	21条
封釉们越狱后发热耗电有没有很严重？我的超级严重	2016-07-26	21条
关于越狱系统购买applecare加的问题	2014-11-27	21条
iOS 8 beta 2发布：新增来电归属地功能，你还会越狱吗。	2014-06-18	21条
越狱后的6SP续航调查	2017-05-13	20
本人小白，5S金1528，想用移动4G需要越狱，越狱了之后QQ和微信聊天记录还在吗？	2015-09-10	20条
ios8.1越狱新bug 视角缩放 无效	2014-11-01	20条
12.1系统越狱后的情况，我似乎成为了完美越狱了，好神奇	2019-03-17	20条
港版5想用电信卡，要越狱，能做到免激活越狱么？	2015-07-06	20条
9.0.2越狱后如何删除已下载的OTA更新包？	2015-10-23	20条

续表

帖子主题	发表时间	回复数量
7.1.2 越狱后的一个 bug 大家遇到过吗（封釉之前误解了，重新编辑一下）	2014-08-18	20 条
让你越狱的手机干干净净	2015-09-28	20 条
调查一下越狱投票	2014-12-27	19 条
调查 你还有越狱需求吗？	2020-04-15	19 条
关于越狱后实现 DC 调光	2020-02-24	19 条
苹果 6 10.2 越狱现在可以安装查看 wifi 密码的插件吗	2017-01-30	19 条
关于 7.1 越狱的一点思考	2014-04-22	19 条
IOS8 的越狱啥时候出来呢？进来有惊喜	2014-10-11	19 条
一直讨论越狱安不安全有意义？	2019-03-02	19 条
ios10.1.1（150）越狱插件兼容调查。。。。。	2016-12-22	18 条
越狱如果来的话，如何调大系统分区？	2017-08-07	18 条
关于越狱和保修	2014-12-11	18 条
越狱后 有个问题困惑了我两年	2018-03-19	18 条
越狱导致手机发烫，那些插件可以删？	2018-04-26	18 条
关于 9.3.3 平刷后，能否再次越狱的问题？	2016-09-12	18 条
越狱后，软件更新一直在搜索，怎么解决？	2014-12-04	18 条
小白求助：越狱后支付宝、银行等 app 还能放心的也能放心的用么	2014-01-05	18 条
iOS9.0.2 越狱后提示存储已满的简易解决办法	2015-10-18	18 条
4s7.1.2 越狱了可以还原吗	2015-02-09	18 条
如何把越狱后的 iPhone5 处理后，再送给别人？	2014-12-02	18 条
耗电元凶调查——系统还是越狱？	2016-07-31	17 条
有 7.1 越狱后亮度不能自动调节	2014-06-25	17 条

续表

帖子主题	发表时间	回复数量
越狱以后还能检查更新，你们会吗？	2016-08-10	17 条
OTA 升级的 7.1.1 能直接越狱么	2015-04-21	17 条
越狱迟早会来，更要命的是被锁，大家一起来讨论一下	2016-03-12	17 条
如何排查哪些越狱插件费电？	2018-07-11	16 条
10.1 版本现在可以完美越狱吗	2017-03-30	16 条
iPhone4 6.1.3 越狱好不好	2014-07-18	16 条
如果没有了越狱，苹果是否会由盛转衰？	2016-07-21	16 条
全民都来学越狱！到底什么是溢出？如何使用溢出？	2015-06-22	16 条
越狱后的 5S，如何找回锁屏密码？谢谢！	2016-01-15	16 条
关于越狱之后保修	2014-12-03	15 条
大家用的什么输入法	2014-01-08	15 条
11.3.1 越狱成功之后第一步该干嘛，有哪些布丁要打？	2018-07-12	15 条
咨询几个越狱问题	2014-12-22	15 条
浅谈 ios7.1 正式版越狱以及 i5 三网问题！（转载注明出处）	2014-04-06	15 条
IOS 越狱后只精简自带程序和 crash 相关进程会增加耗电？	2014-11-10	15 条
教你查看 辨别是否这次越狱完美。	2014-02-16	14 条
关于越狱后电池续航问题	2014-01-04	14 条
越狱后修改微信铃声	2014-10-23	14 条
IOS8 能否越狱，具体越狱时间详解	2014-10-17	14 条
8.2/8.3 越狱卡 60% 的看这里	2015-06-23	14 条
越狱后刺激战场测评	2019-03-07	13 条
8.13—8.3 越狱后所有有锁版那些事	2015-06-28	13 条

续表

帖子主题	发表时间	回复数量
希望对那些一次没有越狱成功的有帮助	2014-06-28	13 条
关于越狱用户使用插件实现支付宝指纹支付功能的安全问题	2014-12-16	13 条
最近 ROOT 越狱的朋友试过微信多开了吗	2018-01-02	13 条
越狱美化看点 及 越狱后的问题所在	2014-01-08	13 条
9.1 以后可能不会出越狱,不要等了,你怎么看?	2016-05-12	13 条
有多少还在狱中?大调查	2016-10-11	12 条
越狱了,查出是 TLC 还能换吗?	2014-12-24	12 条
越狱后支付宝的指纹登录失效后如何调出手势登陆	2015-07-03	12 条
8.1越狱有什么插件能调用出非国港行自带的九宫格吗	2014-10-31	12 条
大家有没有注意盘古越狱后"其他"空间占用情况?	2014-06-24	12 条
iPhone5 6.1.4 越狱之后的蓝牙是不是有问题?	2014-01-07	12 条
i5 8.3 已越狱,破解了电信 4G,有 lte 开关,没 4G 网络,有相同的吗?	2015-06-25	12 条
有视频有真相:iOS 10 果然可以越狱	2016-06-18	12 条
iphone6Plus iOS8.1 越狱后的待机还是很满意的	2014-11-02	12 条
为了能越狱,不知道有没有人和我一样有疯狂的想法	2015-05-09	12 条

后记

作为已经参与过"新媒介与青年亚文化"(第一辑)撰稿的作者,能够在第二辑中继续研究热门网络文化现象,实在是极大的幸事。iPhone 自 2007 年问世以来,凭借着苹果公司赋予的强大软硬件及 CEO 史蒂夫·乔布斯的个人魅力,很快风靡全球,成为 IT 通信领域最热门的流行单品。对之的研究、优化活动随即在青年消费者群体中展开,而其中最具有技术含量也引发最大争议的活动莫过于"越狱"。

在中国研究 iPhone "越狱"并不是一件非常容易的事。从事"越狱"这一工作的黑客被普遍污名化了,再加上其他一些原因,导致研究者很难直接采访到他们。幸运的是,以"越狱"爱好者为主体的公开论坛(特别是最终被我们选定为考察基地的威锋网论坛)始终存在着。我们通过人脉关系采访到了对"越狱"技术、"越狱"文化投入度不尽相同的各类使用者和传播者,获得了较为可靠的第一手资料,也在此过程中勾勒出了他们的文化群像。

在 iPhone 的产地美国,"越狱"游走在法律边缘。在某段时间内,它得到了法律准许,但每隔三年又必须结合新形势重新申请认证。这就为权力、资本、法律、市场等要素进行博弈留足了空间。面对苹果公司这样的产业"巨鳄",即便是全球体系下的"越狱"群体也是孱弱的。乔布斯的固执在很大程度上助推了黑客们齐心斗争的团结，但在继任者库克采取怀柔攻心、釜底抽薪等战术后，黑客阵营的瓦解及iOS系统的完善遂导致"越狱"逐渐弱化为少数精英黑客的技术游戏。

在本书撰稿的五六年时间里，iPhone"越狱"经历了由盛到衰的变革。最初我们是想把它当成一种"热门亚文化"来研究的，但最后成稿时不得不为其英雄落幕感慨万端。在这里，我要感谢我的合作者刘东帆。他在本书创作过程中付出了很多劳动。他深入威锋网论坛，花费半年以上时间进行观察和梳理，结识、邀请会员来完成深度访谈。这些工作为本书能够最终成稿做出了重要贡献。

此外，我首先要感谢"新媒介与青年亚文化"（第二辑）编写工作的发起人马中红教授。作为她门下弟子，我能够在求学期间深入研究网络青年流行文化，在毕业后进入与此相关的文化产业领域工作，并有机会参与专业集体著述创作，全都仰仗她的悉心引领和扶持。

我也要感谢一同参与丛书写作的陈霖教授、曾一果教授、杜志红教授、陈一教授、杜丹副教授等。他们都是我的良师益友。在求学期间，我就曾获得他们的耐心指点。如今有机会与他们并肩写作，实在是我莫大的荣幸。

最后我要感谢苏州大学出版社的编辑和领导。责编刘一霖小姐审读细致严格，在章节编排、格式规划、语气拿捏上的一系列指导建议，让书稿增添了很多亮点。总负责人李寿春女士更是前后多次关心、指点，让本书在丰富性、厚实性等方面得以更上一层楼。

网络流行文化始终是一个新意迭出、万象纷飞的大舞台。在此次书稿完成之际，又有很多崭新且亮丽的新文化、新形态开始为时代"引流"。真心期待我们还可以写出第三辑、第四辑，在观察、研究青年亚文化的道路上锐意前行。

顾亦周

2021 年 6 月 6 日